Inhaltsverzeichnis

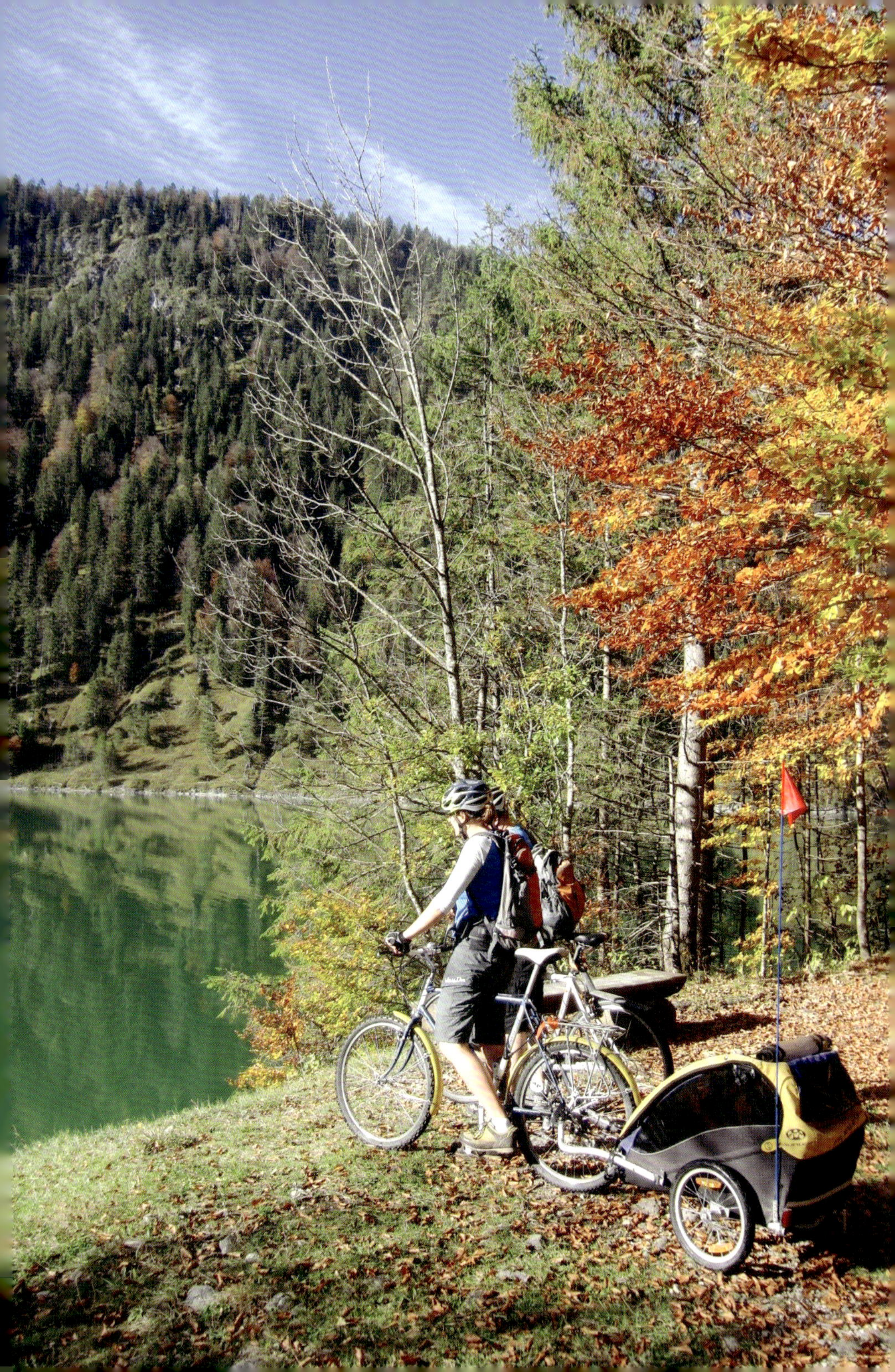

Einleitung

Die Tour – Anforderungen und Routenverlauf

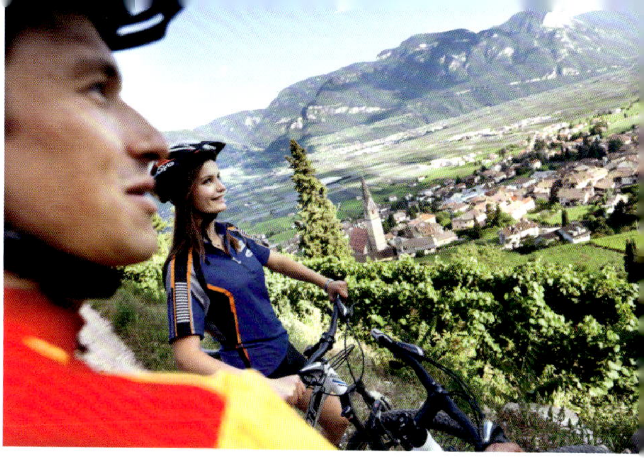

Der Genuss der Landschaft soll bei einem Alpencross natürlich nicht zu kurz kommen.

Unser Alpencross für Genießer führt uns auf der Via Claudia Augusta von Grainau bei Garmisch-Partenkirchen – oder alternativ ab Füssen – zum Ziel der meisten Alpencross-Träume: an den Gardasee.

Die Basisroute entspricht mit ca. 357 km und 2180 hm einer idealen Einsteigertour und ist sowohl für Tourenradler, Trekkingradfahrer, Mountainbiker, die es gemütlich mögen, als auch für Radfahrer mit Kinderanhänger bestens geeignet. Denn die Route verläuft hauptsächlich entlang der Via Claudia Augusta, also auf markierten Radwanderrouten – größtenteils auf Asphalt, auf gut fahrbaren Forst- und Schotterwegen und einigen wenigen leichten Trails (Varianten). Trage- und Schiebepassagen kommen sehr selten vor und können meistens umfahren oder vermieden werden. In der Etappenbeschreibung wird auf diese explizit hingewiesen.

Die Route über die Via Claudia ist auch bestens fürs „Familienbiken" geeignet. Daher ist unsere Basisroute grundsätzlich „kinderanhängertauglich" und auch für Trekking- und Tourenradfahrer ideal geeignet. Wer noch mehr Informationen rund um das Thema „Familienbiken", insbesondere zu den Themen Kinderanhänger, Trailerbikes, Kinder- und Jugendfahrräder etc., benötigt, der sei auf folgendes Buch verwiesen: Helmut Walter/Carmen Fischer: Familienbiken. Radfahren mit Kindern, Stuttgart: 2012.

Für wen es etwas mehr sein darf, der kann die Basisroute (blau) durch verschiedene Varianten (rot) erweitern. Diese alternativen Wegstrecken sind für ambitionierte Trekking- und Tourenradfahrer sowie Genuss-Mountainbiker gedacht. Einige Varianten, aber nicht alle, sind auch „kinderanhängertauglich". Die entsprechenden Informationen hierzu findet Ihr in der jeweiligen Etappenbeschreibung.

Wem der eine oder andere Anstieg oder die eine oder andere Etappe zu lang sein sollten, hat z. T. auch die Möglichkeit, sich Bus oder Bahn zu bedienen – so kann man z. B. hinauf nach Nauders den Postbus nehmen oder ab Prad in die Vinschger Bahn steigen, um die müden Beine zwischendurch zu schonen oder einfach auch mal abzukürzen, um mehr Zeit in den Etappenorten zu verbringen.

Unsere sechs Etappen sind zwar fahrtechnisch nicht schwierig und mit einer durchschnittlichen Länge von 60 km und meistens mäßigen Steigungen gut zu schaffen, aber dennoch sollte man für diese Sechstagestour eine gute Grundlagenausdauer und v. a. auch das nötige Sitzfleisch mitbringen. Beides empfiehlt sich, vor der Tour zu trainieren (500–1000 Trainingskilometer).

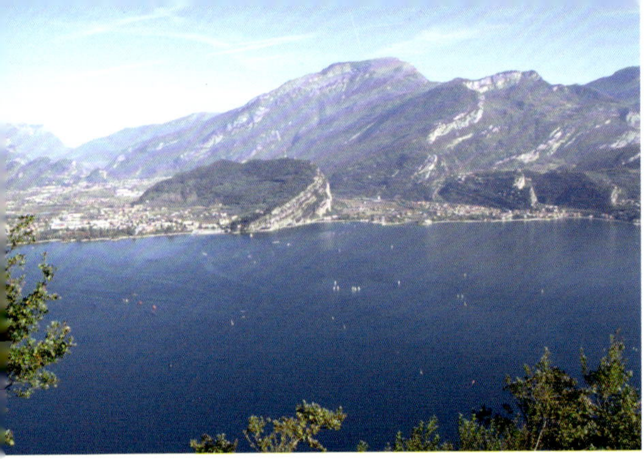

Das Ziel unserer Alpencross-Träume: der Lago di Garda.

Die Basisroute führt uns am ersten Tag ausgehend vom Zugspitzdorf Grainau an der Loisach entlang nach Tirol und über den Fernpass ins malerische Gurgltal nach Imst – die imposanten Gipfel des Zugspitzmassivs haben wir hierbei stets im Blick. Als Varianten stehen zum Einstieg ein lohnenswerter „Umweg" über den Plansee oder der alternative Start in Füssen auf dem Programm. Weiter geht es an Tag zwei durchs Inntal Richtung Pfunds nahe der Grenze zur Schweiz. Für wen es etwas mehr sein darf, der kann sich hinter Landeck für die lohnenswerte Alternative über die Fließer Platte entscheiden. Unsere dritte Alpencross-Etappe führt uns durchs österreichisch-schweizerische Grenzgebiet hinauf nach Nauders und weiter über den Reschenpass ins Vinschgau nach Prad am Stilfser Joch. Auf dem Weg in die Schweiz bietet sich heute als Variante ein Abstecher zur alten Grenzfeste Altfinstermünz an. Liegt der Reschensee hinter uns, können wir das mediterrane Flair des Vinschgau riechen, schmecken und fühlen! Der vierte Tag ist unser Erholungstag. Denn heute folgen wir ganz gemütlich der Radroute nach Meran und erreichen unser Etappenziel bereits am frühen Nachmittag. Wer möchte, kann bei Naturns einen Besuch auf Schloss Juval einbauen oder einfach ganz entspannt den Nachmittag in Meran, der heimlichen Hauptstadt Südtirols, genießen. Tag fünf führt uns von Meran über Bozen nach Trento. Entweder folgen wir stets dem Etschtalradweg über Bozen oder wir entscheiden uns für die Variante über Eppan, die Montiggler Seen und den Kalterer See bis nach Tramin.

An unserem sechsten und letzten Alpencrosstag bleiben wir auf dem Etschtalradweg und radeln vorbei an Rovereto über den Passo San Giovanni nach Nago. Nun geht es – den Lago bereits vor Augen – nur noch bergab bis zum Seeufer. Jetzt heißt es, den Nachmittag genießen: ausspannen, relaxen am See, bummeln in Torbole, Riva oder Arco und natürlich zur Feier des Tages am Abend in einem der zahlreichen italienischen Restaurants richtig schön essen gehen. Denn das haben wir uns verdient!

Das Konzept

Unser Buch soll dabei helfen, Euren Alpencross zu planen und gemäß Eurer individuellen Voraussetzungen und Vorlieben zu gestalten. Zu Anfang jeder Etappe findet Ihr eine Übersicht, die Euch mit den wesentlichen Fakten der jeweiligen Etappe versorgt. In diesem Info-Kasten findet Ihr Angaben zu Anfangs- und Endpunkt, Anforderungen an Ausdauer und Kondition, Wegbeschaffenheit, Erweiterungsmöglichkeiten durch Varianten, Einkehr- und Kartentipps. Zur Basisroute (blau) der jeweiligen Etappe gibt es verschiedene Varianten (rot), die Ihr im „Baukastensystem" auswählen und so die Basisroute entsprechend erweitern bzw. variieren könnt.

Bitte beachtet, dass sich die Angaben zu Panorama, Höhenmetern und Kilometern aus der Übersichtsleiste stets auf die Basisroute beziehen. Auch die Höhenprofile sind auf die Basisroute genormt. Die Angaben zu Varianten findet Ihr detailliert im Info-Kasten unter „Varianten". Hier ist zu beachten, dass diese Angaben sich auf die Strecken- und Höhenmeter der Variante beziehen. Wenn Ihr Euch für eine Variante entscheidet, „spart" Ihr Euch natürlich Strecken- und Höhenmeter der Basisroute. Wie viele dies sind, könnt Ihr dem Höhenprofil entnehmen. Dieses ist so gestaltet, das sowohl die Basisroute als auch die Varianten dargestellt sind. So könnt Ihr Euch am besten ein Bild davon machen, was die Varianten an „Mehr" für Euch bereit halten. Hier ist zu beachten, dass es sich um eine schematische Darstellung handelt und die Varianten in Bezug auf die Streckenlänge eingepasst wurden, um mit der Basisroute zusammen dargestellt werden zu können. Auch die Wegbeschaffenheit haben wir in diese Übersicht mit eingearbeitet: Asphaltpassagen sind auf dem entsprechenden Balken schwarz hinterlegt, Forst- bzw. Schotterwege orange und Trails grün.

Was Ihr in unserem Buch nicht findet, sind Angaben zu den Fahrzeiten. Denn die Erfahrung zeigt, dass diese je nach individuellem Fahrtempo, Anzahl der Pausen etc. sehr stark variieren. Grundsätzlich sind alle Etappen als Tagestouren (ca. 6 Stunden Fahrzeit) angelegt. Info-Kasten und Höhenprofil sollen Euch eine Übersicht über die jeweilige Tagesetappe geben und Euch dabei helfen, Eure Route gemäß Eurer Präferenzen zu planen.

Zu jeder Etappe gibt es einen Kartensatz, in dem sowohl die Basisroute (blau) als auch die Varianten (rot) eingezeichnet sind. So könnt Ihr Euch jederzeit orientieren und zwischen Varianten und Basisroute wechseln.

Damit auch die kulturelle Komponente nicht zu kurz kommt, findet Ihr bei den jeweiligen Etappen auch stets Informationen rund um Sehenswürdigkeiten entlang der Route. Und last but not least findet Ihr am Kapitelende selbstverständlich Informationen rund um die Etappenorte mit Übernachtungs- und Restauranttipps, nützlichen Adressen wie Apotheken, Tourist-Infos und Bike-Shops.

Downloads: GPS-Tracks und Roadbooks

Als Ergänzung zu den Kartenschnitten stehen sämtliche GPS-Tracks (Basisroute und Varianten) für Euch unter folgendem Link zum Download bereit: http://www.ulpbike-verlag.de/gapgardavc.php

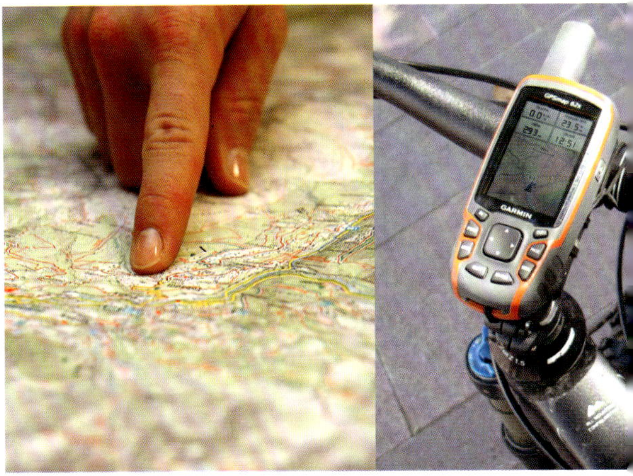

Zusammen ein (fast) unschlagbares Team: die gute alte Papierkarte und das GPS-Gerät.

Hier findet Ihr immer ganz aktuell alle Downloads.

Wir empfehlen Euch, wenn Ihr mit unseren GPS-Tracks auf Tour geht, auch die entsprechenden Kartenschnitte oder Kartensätze von KOMPASS (siehe Kartentipps) dabei zu haben. Denn GPS-Tracks sind immer nur so „schlau“, wie ihr Benutzer bzw. wie es die Begleitumstände zulassen. Das bedeutet, dass die Empfangsgenauigkeit je nach Witterung und Geländeformation durchaus auch mal schlechter sein kann und von der unter optimalen Bedingungen zu erreichenden Genauigkeit von ca. 3 bis 5 m in der Horizontalen abweicht und gut und gerne auch mal 20 m betragen kann. Und da ist es gut, wenn man zur Absicherung einen Blick in die Karte werfen kann. Also: bei der Verwendung von GPS-Daten, parallel hin und wieder auf die Karte schauen und natürlich auch auf den Weg bzw. dessen Beschilderung. In diesem Zusammenhang ist auch anzumerken, dass es ganz normal ist, wenn Euer GPS Euch ab und an etwas abseits der Route ortet – auch dies liegt an der Empfangsgenauigkeit. Also kein Grund zur Panik, solange Richtung und Wegverlauf stimmen!

Idyllisch gelegen: das Zugspitzdorf Grainau.

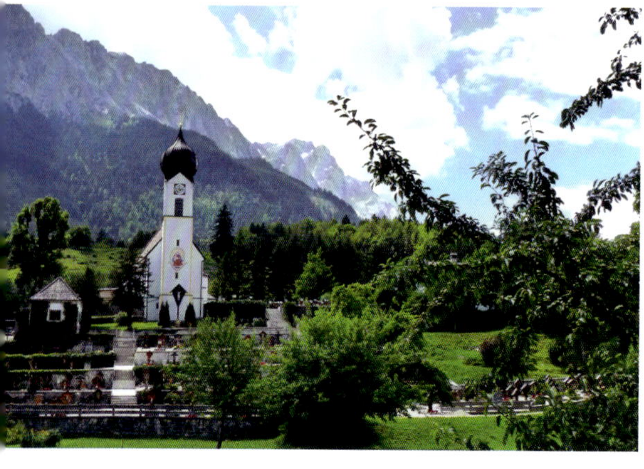

Als weitere Orientierungshilfe neben Kartenschnitten und GPS-Daten gibt es ganz traditionell Roadbooks, mit denen Ihr Euch auf den Weg machen könnt. Diese findet Ihr ebenfalls unter folgendem Link zum Download: http://www.ulpbike-verlag.de/gapgardavc.php

An- und Abreise

Unser Startort Grainau ist sowohl mit dem Auto, dem Zug oder auch dem Flugzeug sehr gut zu erreichen (Infos unter: www.grainau.de/de/info_service/anreise-und-verkehr).

Anreise nach Grainau

Mit dem Auto

Von München kommend über die Autobahn A95 nach Garmisch-Partenkirchen, von Augsburg aus über Schongau auf der B17 und weiter in Richtung Oberammergau und Garmisch auf der B23 oder über die A7 Ulm-Kempten und weiter über Reutte und Ehrwald in Tirol. Von Süden erreicht Ihr das Zugspitzdorf über die Brennerautobahn-Innsbruck-Mittenwald.

Mit dem Zug

Mit ICE- und IC-/EC-Zügen bestehen aus nahezu allen deutschen Städten meist stündlich oder alle zwei Stunden komfortable Reisemöglichkeiten nach München HBF. Ab hier verkehrt die Regionalbahn im Stunden-Takt nach Garmisch-Partenkirchen und von dort weiter bis zum Bedarfsbahnhof Untergrainau (Bei der Suche auf dem DB-Server als Zielbahnhof Untergrainau angeben). Von Garmisch-Partenkirchen bringt Euch alternativ auch die Bayerische Zugspitzbahn oder der weißblaue Eibsee-Bus nach Grainau. Die Bayerische Zugspitzbahn transportiert allerdings keine Fahrräder (Verbindungen unter: www.reiseauskunft.bahn.de).

Mit dem Flugzeug

Ab dem Flughafen München (ca. 125 km bis Grainau) mit der S-Bahn München zum HBF und von dort wie oben beschrieben weiter mit dem Zug. Alternativ auch über den Flughafen Innsbruck. Von hier sind es ca. 65 km bis Grainau. Auch von hier empfiehlt sich die Weiterreise mit dem Zug.
Statt in Grainau können wir unseren Alpencross auch in Füssen starten. (Infos unter: www.fuessen.de/service/anreise-parken-und-nahverkehr/anreise-nach-fuessen.html).

Anreise nach Füssen

Mit dem Auto

Füssen liegt am südlichen Endpunkt der Autobahn A7. Auch über die Bundesstraßen B16 und B17 sowie die Fernpassstraße B179 aus Österreich ist Füssen mit dem PKW sehr gut zu erreichen.

Mit dem Zug

Über die Fernbahnhöfe München und Augsburg ist Füssen an das IC und ICE Schienennetz der Deutschen Bahn und damit an alle deutschen Großstädte angebunden. Vor Ort in Füssen bleibt Ihr mit dem öffentlichen Regionalverkehr mobil (Verbindungen unter: www.reiseauskunft.bahn.de).

Mit dem Flugzeug

Ab dem Flughafen München (ca. 160 km bis Grainau) mit der S-Bahn München zum HBF und von dort weiter mit dem Regionalverkehr nach Füssen (ca. 2 Stunden).

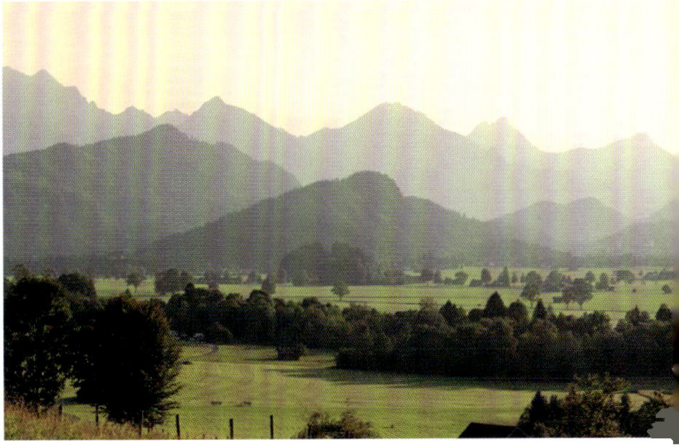

Die Route ausgehend vom alternativen Startort Füssen hat landschaftlich einiges zu bieten.

Abreise

Sind wir mit unseren Rädern am Gardasee angekommen, stellt sich uns natürlich die Frage, wie wir am besten zurückkommen, wenn wir nicht unseren persönlichen Shuttle dabei haben, der uns einsammelt.

Mit dem Zug

Ab Riva oder Torbole empfiehlt es sich, entweder den Bus bis Rovereto zu nehmen oder dieses Stück auf dem Radweg zurückzulegen (ca. 1,5 bis 2 Stunden). Ab Rovereto besteht eine gute Zugverbindung über den Brenner bis nach München HBF. In den Zügen des Fernverkehrs ist man gut beraten, im Vorfeld die Räder anzumelden bzw. Stellplätze zu reservieren. Denn in der Hauptsaison nimmt die italienische Bahn nur sehr begrenzt Fahrräder mit und wer nicht reserviert hat, muss oft lange Wartezeiten auf dem Bahnsteig in Kauf nehmen. Im Regionalverkehr ist keine Reservierung erforderlich, aber auch hier kann es zur Hauptreisezeit für den Biker und sein Rad schon mal eng werden.

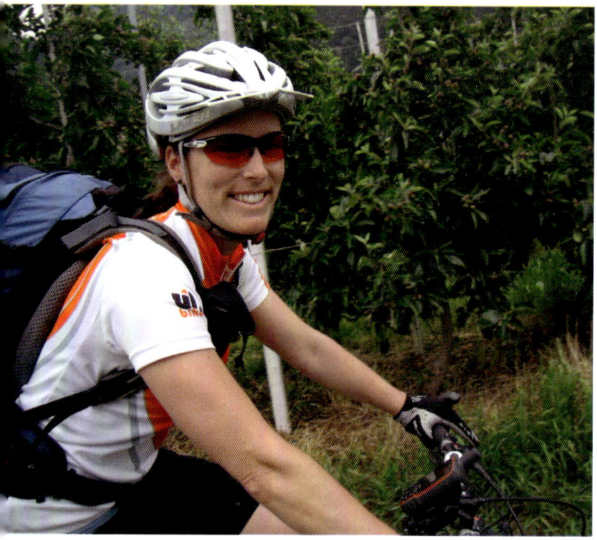

Wenn man ein paar Details bedenkt, macht Radfahren in „Bella Italia" gute Laune.

den Wetterbericht stets im Blick haben und prüfen, ob die geplanten Übergänge auch sicher und ohne Risiken zu fahren sind.

Wetterinformationen für diese Route gibt es z. B. bei der Wetterdienststelle Innsbruck im Auftrag von DAV und OeAV (Tonband: 089-295070; persönliche Beratung: Montag–Freitag, 13–18 Uhr, 0043-512 291600; Südtirol Tonband: +39 0471 271177;

Schweiz Tonband: +41 848 800 162) sowie im Internet unter:

www.alpenverein.de/DAV-Services/Bergwetter/

www.provinz.bz.it/wetter/bergwetter.asp

Mit dem Bike-Shuttle

Wer sich nicht dem Abenteuer Zugfahren stellen möchte, der kann auch auf einen der zahlreichen Rückshuttle-Anbieter zurückgreifen, die in der Hauptreisezeit Transalpfahrer wieder zurück über die Alpen bringen. Angebote findet man zahlreich im Internet (z. B. auch bei ULPtours; www.ulptours.de). Der Preis liegt je nach Anbieter pro Person bei etwa 75 bis 100 Euro.

Reisezeit

Grundsätzlich sind die Sommermonate von Anfang Mai bis Ende September die beste Alpencross-Reisezeit. Von Anfang Mai bis Mitte Juni ist es noch nicht so heiß und die Natur steckt noch voll frühlingshaftem Charme. Ebenso bietet der Altweibersommer von Anfang bis Ende September oft noch ideale Bedingen. Wenn man eine Tour außerhalb der beiden Hauptmonate Juli und August plant, sollte man

Warnwestenpflicht – sicher unterwegs in Italien

Wenn Ihr in Italien unterwegs seid, empfiehlt es sich, eine Warnweste im Gepäck zu haben. Denn seit der Überarbeitung der Straßenverkehrsordnung im Oktober 2010 ist man in Italien als Radfahrer per Gesetz dazu verpflichtet, nachts und bei Fahrten durch Tunnels eine reflektierende Weste oder reflektierende Streifen am Oberkörper zu tragen. Auch Beleuchtung ist in diesen Fällen Pflicht. Diese Bestimmung gilt ab einer halben Stunde nach Sonnenuntergang bis eine halbe Stunde vor Sonnenaufgang und zwar ausschließlich für Fahrten außerhalb von Ortschaften. In Tunnels ist das Tragen einer reflektierenden Sicherheitsbekleidung auch tagsüber verpflichtend. Bei Nichtbeachtung dieser Regelung drohen empfindliche Geldstrafen bis zu 100 Euro.

Die Autoren

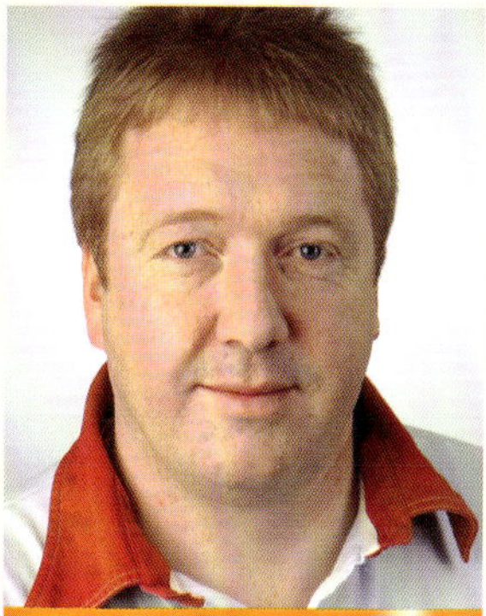

Uli Preunkert

geboren und aufgewachsen im hohenlohischen Land, zog das Studium der Elektrotechnik nach München. Seit 1991 ist er als Projektingenieur weltweit tätig. 2003 gründete er den auf Radreisen spezialisierten Reiseveranstalter ULPbike. Der Autor hat bereits mehrere Bücher zum Thema Radsport sowohl im eigenen Verlag als auch im Bruckmann Verlag verfasst: u.a. „Rennradtouren: Gardasee und Trentino", „Alpencross Training" und „Mountainbike-Treks Südtirol und Dolomiten".

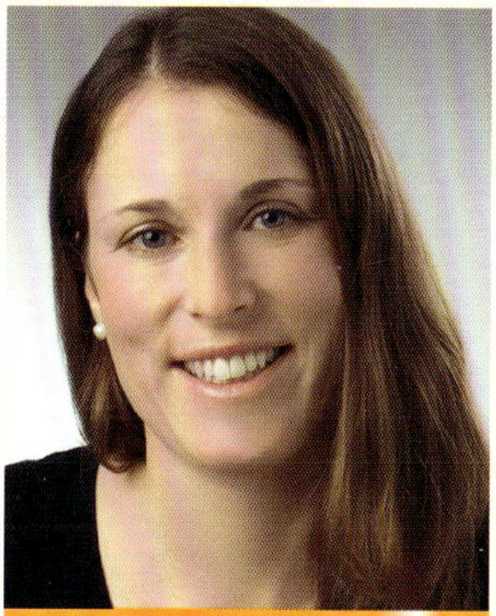

Dr. Anke Susanne Hoffmann

geboren und aufgewachsen im Saarland, kam 2005 nach München. Als Redakteurin und Programmleiterin hat die promovierte Germanistin bei verschiedenen Verlagen und Medienunternehmen gearbeitet, bevor sie im Frühjahr 2012 zu ULPtours kam und ihre Passion, das Mountainbiken, zum Beruf machte. Sie verantwortete zum einen als Projektmanagerin das Buchprogramm des ULPbike Verlags und führte im Sommer als Mountainbike-Guide Gruppen über die Alpen.

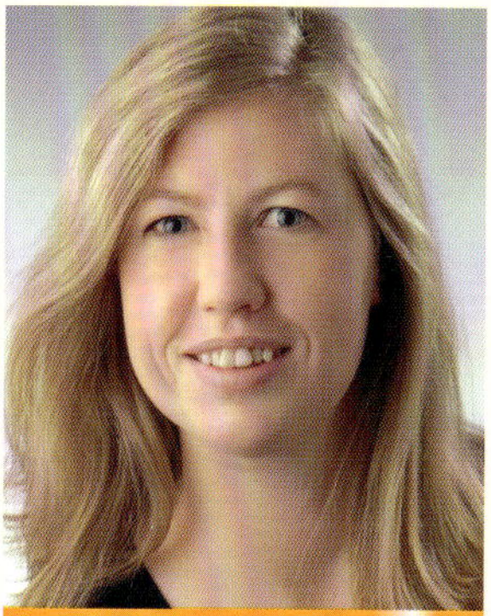

Franziska Fechner

geboren und aufgewachsen in Berlin, gehört seit 2010 zum ULPtours-Team. Als Touristikerin und Kundenberaterin kümmert sie sich um die Belange der Radkunden und die Hotels entlang der Strecken. Außerdem ist sie verantwortlich für die Sparte „Transalp individuell". Als Mountainbike-Guide ist Franziska auf den Routen zum Gardasee unterwegs und kennt die Strecken mit ihren Highlights wie ihre Westentasche.

Danksagung

Bedanken möchten wir uns bei allen, die uns bei diesem Buchprojekt unterstützt haben: vor allem bei unserem Partner, der KOMPASS Karten GmbH, für die sehr gute und unkomplizierte Zusammenarbeit in Sachen Kartografie, Rüdiger Wagner für das gelungene Layout und dem Team von ULPbike, das uns stets mit Rat und Tat zur Seite gestanden hat. Unser besonderer Dank geht an Steffi für das Erstellen der Höhenprofile, an Mikka und Manuela für die Ausarbeitung der Kartenschnitte, an Mikka fürs Coverdesign, an Nicole fürs Korrekturlesen und an Michi für alle Fragen rund um die Routenplanung. Außerdem möchten wir uns auch bei Caro und Holger bedanken, die uns beim Abfahren der Strecken tatkräftig unterstützt haben.

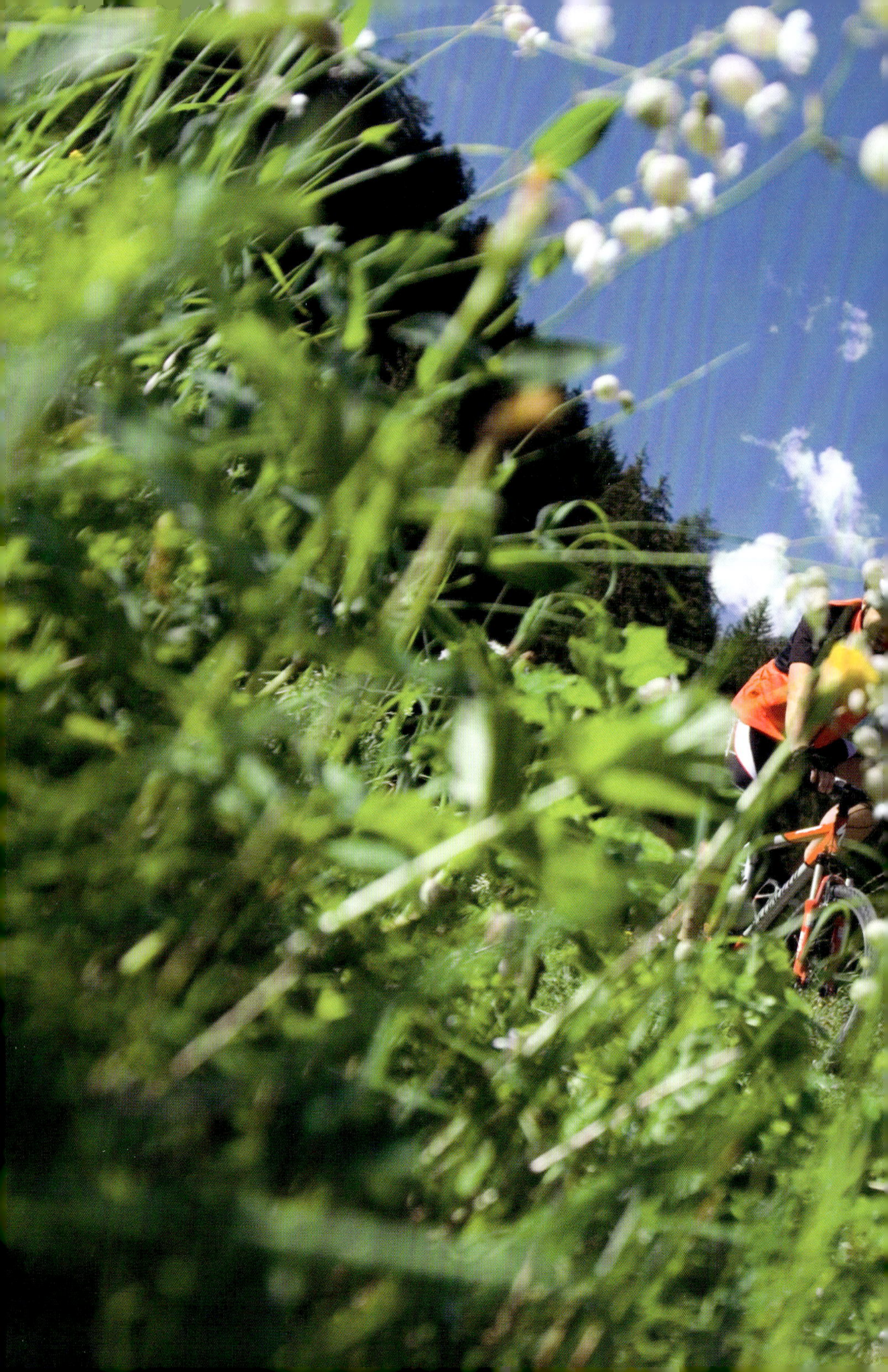

Die Etappen

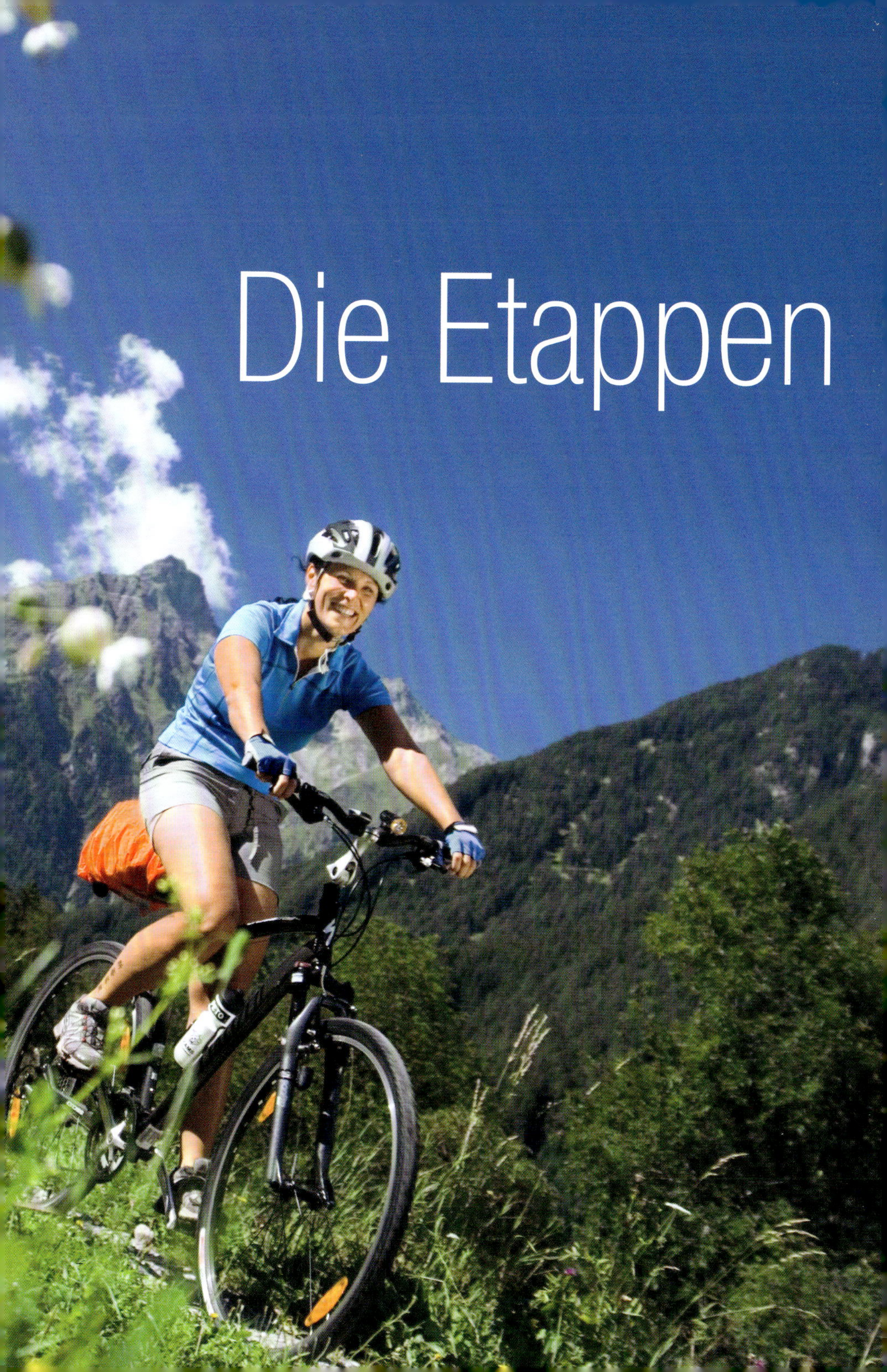

1 Über den Fernpass ins Gurgltal – von Grainau nach Imst

Panorama

Höhenunterschied ca. 500 hm

Tourlänge ca. 52 km

Ausgangs-/Endpunkt: Grainau (ca. 770 m)/Imst (ca. 800 m)

Ausdauer: Für die Strecke von Ehrwald bis hinauf zum Fernpass ist eine gute Grundlagenausdauer erforderlich, insbesondere für Radfahrer mit Kinderanhänger.

Wegbeschaffenheit: größtenteils asphaltierte Radrouten sowie gut fahrbare Forst- und Schotterwege; ggf. kurze Schiebepassage auf dem Höhenweg zwischen Bichlbach und Lermoos ***(Variante 1)*** und ggf. Anstieg zur Burg Ehrenburg ***(Variante 2)***

▽ **Kinderanhänger:** Höhenweg zwischen Bichlbach und Lermoos ***(Variante 1)***

höchster Punkt: Fernpass (ca. 1270 m)

Varianten:
1 Plansee (ca. 460 hm; ca. 39 km);
2 Alternativer Start in Füssen (ca. 480 hm; ca. 41 km)

Einkehrtipps: ***Basisroute:*** diverse Cafés in Ehrwald, Waldhaus Talblick/Biberwier, Café Schloss Fernsteinsee, Gasthof Seewald/Strad; ***Variante 1:*** diverse Gasthäuser am Plansee; ***Variante 2:*** zahlreiche Restaurants entlang der Route in Reutte, Bichlbach und Lermoos

Kartentipps: KOMPASS 5 – Wettersteingebirge, Zugspitzgebiet; KOMPASS 24 – Lechtaler Alpen, Hornbachkette

Zum Einstieg in unseren Alpencross für Genießer erwartet uns eine schöne Panoramatour ausgehend vom Zugspitzdorf Grainau über den Fernpass ins malerische Gurgltal – die imposanten Gipfel des Zugspitzmassivs stets im Blick.

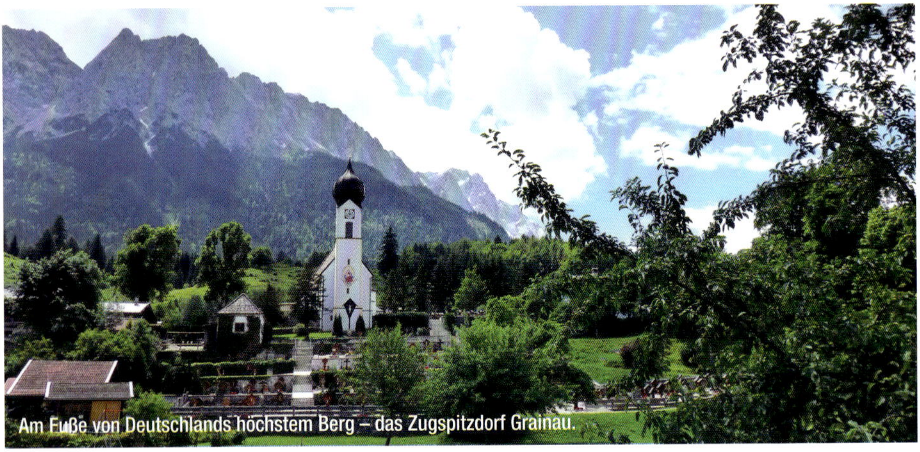

Am Fuße von Deutschlands höchstem Berg – das Zugspitzdorf Grainau.

Wir starten unsere Tour im Zugspitzdorf Grainau (ca. 770 m) und radeln entlang der ruhig dahin fließenden Loisach über die Landesgrenze nach Tirol. Nach ca. 8 km müssen wir uns entscheiden, ob wir weiter der Basisroute folgen, also dem Radweg Richtung Ehrwald, oder die Route über den Plansee wählen (Variante 1). Entscheiden wir uns für die Alternative, biegen wir beim Grenzort Griesen Richtung Plansee ab und folgen dem Weg entlang der Neidernach.

Wir fahren am Ufer des Plansees und am Heiterwangersee entlang, bis wir kurz vor Bichlbach

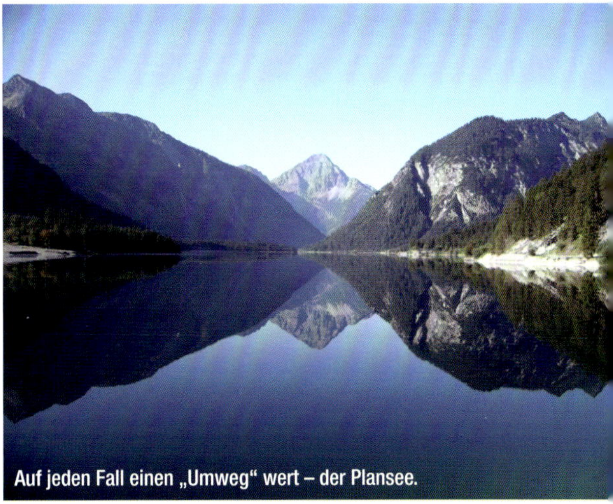

Auf jeden Fall einen „Umweg“ wert – der Plansee.

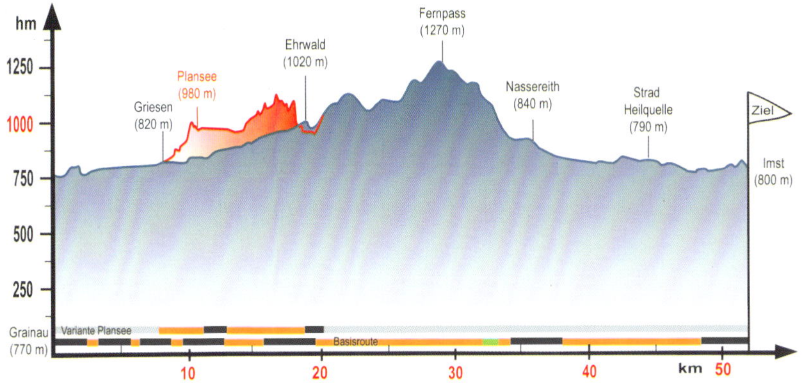

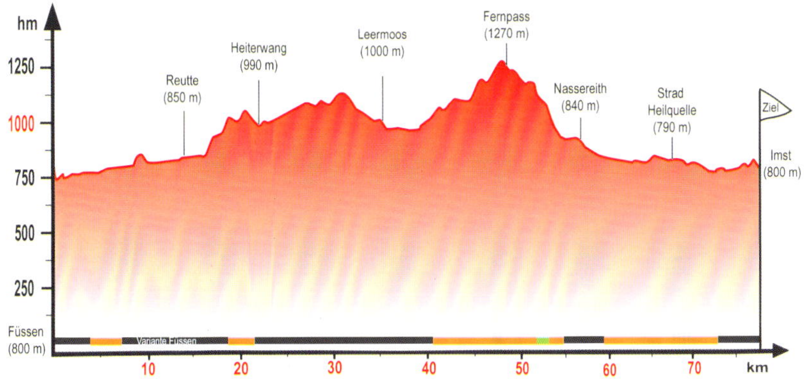

schwarz = Asphalt **orange = Forst-/Schotterweg** **grün = Trail**

SEHENSWÜRDIGKEITEN

Fernsteinsee/Schloss Fernstein

Der Fernsteinsee ist ein Privatsee und liegt unterhalb des Fernpasses auf dem Gebiet der Gemeinde Nassereith/Tirol. Der kristallklare Bergsee ist ein beliebtes Tauchrevier für Sporttaucher. Denn der 550 m lange und bis zu 540 m breite Fernsteinsee weist Tiefen bis zu 17 m auf und hat unter der Wasseroberfläche eine märchenhafte Landschaft mit bizarren Pflanzen und zahlreichen Fischen zu bieten. Das Schloss Fernstein liegt am Westufer des Sees und entstand unweit des Fernpasses als Wegsperre und Zollstätte. Denn der Fernsteinsee und steile Felswände verengen an dieser Stelle den Talboden, sodass die Handelsstraße, die einst direkt durch den Torbogen am Schloss vorbei führte, gut zu kontrollieren war. Die Ruinen des Wohnturms der einstigen Klause und Teile der 4 m Meter hohen Sperrmauer sind noch erhalten. Das im 14. Jahrhundert errichtete Niederhaus mit Klause, Zollstelle, Wirtshaus, Waffenkammer, Herzogskammer und Stallungen wurde baulich verändert und dient heute als Wirtschaftsgebäude. Hier ist u. a. ein Hotel untergebracht.

auf den Höhenweg abzweigen. Für trainierte Trekking- und Tourenradfahrer stellt dieser Streckenabschnitt, sobald das erste steile Stück ein paar Kehren hinauf schiebend überwunden ist, kein Problem dar. Für Tourenfahrer mit Kinderanhänger empfiehlt es sich aber, im Tal weiter der Radroute auf der Via Claudia Augusta Richtung Biberwier zu folgen. Wer den Höhenweg durch den Wald wählt und sich für ein paar zusätzliche Höhenmeter in stetem Bergauf Bergab entscheidet, wird mit schönen Blicken ins Tal belohnt.

Bleiben wir bei Griesen auf der Basisroute, haben wir bis nach Ehrwald (ca. 1020 m) rund 300 hm zu überwinden, die sich auf dem gut ausgebauten Radweg mit mäßiger, sehr angenehmer Steigung sehr gut bewältigen lassen. Im kleinen Städtchen Ehrwald am Fuße der Zugspitze lohnt es sich, zu verweilen und die erste Kaffeepause des Tages einzulegen. Im Ortszentrum laden zahlreiche Cafés und Eisdielen dazu ein.

Weiter geht es durch den idyllischen Lärchenwald hinter Ehrwald über den Panoramahöhenweg auf der Via Claudia Augusta Richtung Biberwier und weiter zu den Fernpassseen. Dieser Schotterweg ist durchweg gut fahrbar, wenn auch die eine oder andere Steigung von Fahrern mit Kinderanhängern Beinkraft erfordert.

Nun steht der „klassische“ Transalp-Übergang über den Fernpass an. Wir folgen hier stets der ausgeschilderten Bikeroute (Achtung: Im Anstieg nach dem Weißensee nicht links auf die „alte“ Via Claudia abzweigen, sondern auf dem Hauptweg bleiben). In angenehmen Schotterkehren schlängeln wir uns hinauf bis auf ca. 1270 m und schauen bei der „Schönen Aussicht“ hinab auf den kristallklaren Fernsteinsee, bevor uns die Radroute direkt am Schloss Fernstein ausspuckt.

Ab Nassereith rollen wir gemütlich auf guten Forst- und Schotterwegen durchs malerische Gurgltal unserem Etappenziel Imst entgegen.

Bei schönem Wetter bietet sich ein Stopp bei der Heilquelle hinter Strad an. Denn hier können wir unsere müden Füße und Waden baden, um sie fit zu machen für die nächste Etappe. Von hier aus ist es dann auch nur noch ein Katzensprung zu unserem ersten Etappenziel Imst. In diesem malerischen Städtchen mit seinen barocken Häusern und mehr als zwanzig Brunnen lassen wir unseren ersten Alpencrosstag gemütlich ausklingen.

Wer nicht in Grainau starten möchte, kann diese Etappe alternativ auch in Füssen beginnen (Variante 2). Wir fahren im Zentrum von Füssen los, überqueren den Lech und folgen der Tiroler Straße Richtung Reutte. Schon bald können wir rechts den Lechfall bestaunen. Auf einer gut fahrbaren Asphaltstraße erreichen wir schließlich die deutsch-österreichische Grenze: Wir sind in Tirol! Auch der erste Pass unserer Tour lässt nicht mehr lange auf sich warten. Doch den Kniepass kurz hinter Oberpinswang haben wir schon in rund fünf Minuten bezwungen. Hinter Reutte jedoch wartet der erste „richtige" Anstieg dieser Etappe auf uns. Mit bis zu 18 % Steigung geht es hier zur Burg Ehrenburg hinauf, sodass hier v. a. Fahrradfahrer mit Kinderanhänger evt. mit einer kurzen Schiebepassage rechnen müssen.

Von nun an folgen wir stets in leichtem Auf und Ab der Via Claudia bis Lermoos. Hinter Lermoos können wir die ersten Blicke auf die Zugspitze von der Tiroler Seite genießen, bis wir schließlich bei Biberwier wieder auf die Basisroute treffen.

Die Reichenstraße in Füssen – hier lohnt es sich, zu verweilen.

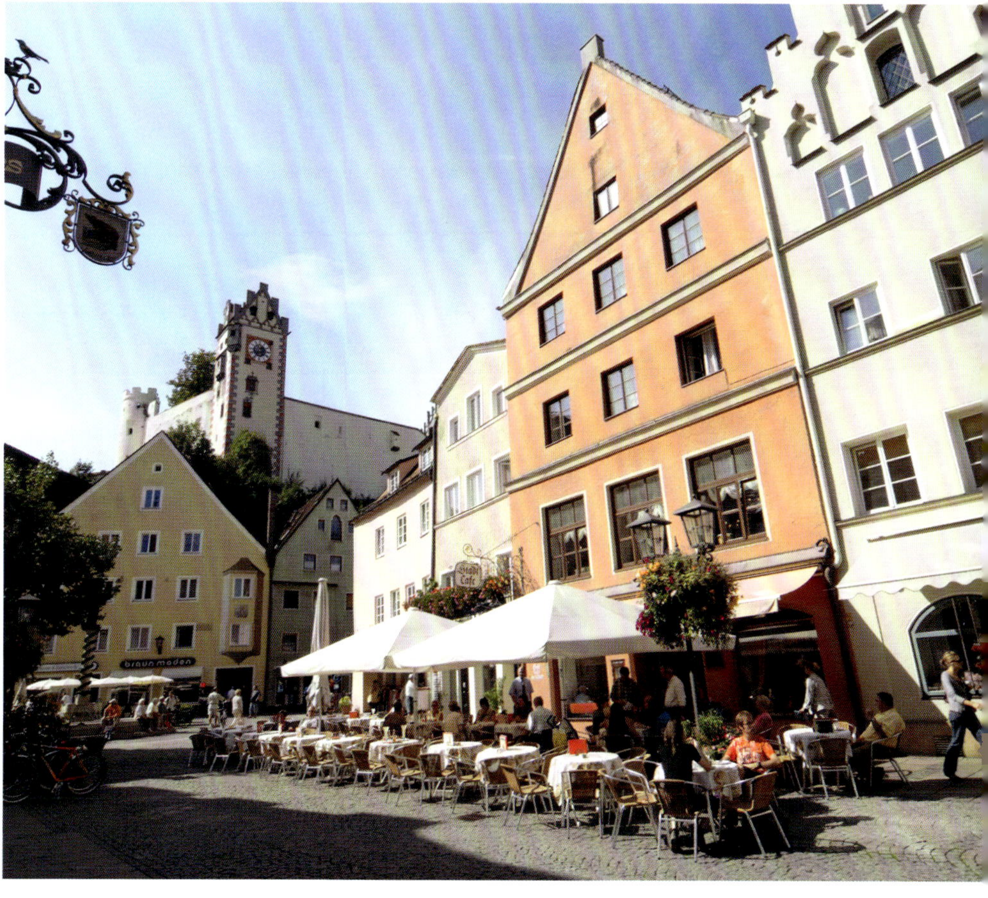

Etappenorte

Garmisch-Partenkirchen und Grainau

Garmisch-Partenkirchen liegt am Fuße der Zugspitze und ist einer der bedeutendsten heilklimatischen Kurorte der bayerischen Alpen sowie die bekannteste Wintersportmetropole Deutschlands. Der Olympiaort von 1936 und Weltmeisterschaftsort von 1978 sowie 2012 bietet Naturerlebnisse und Erholung, Sportaktivitäten in Hülle und Fülle, aber auch Wellness und Shopping.

Die Zugspitze

Die prominenteste Sehenswürdigkeit in Garmisch-Partenkirchen ist natürlich die Zugspitze, mit 2962 m Deutschlands höchster Berg. Die Besucherzahlen sprechen für sich – rund eine halbe Million Gäste erklimmen Deutschlands berühmtesten Gipfel pro Jahr. Auf dem etwas tiefer gelegenen Gletscher stehen zwei Restaurants, in der Bergstation gibt es eine Panorama-Lounge und den „höchsten Biergarten Deutschlands".

Bereits die Auffahrt mit der 1930 erbauten Zahnradbahn ist ein Erlebnis. Die Bahn fährt in 35 Minuten von der Station Eibsee (1008 m) auf das 8,3 km entfernte Zugspitzplatt auf 2588 m. Auf der Fahrt geht es durch einen 4,8 km langen Tunnel. Während der Durchfahrt wird ein Video über den Bau der Strecke gezeigt.

Die Zugspitze ist im Winter ein bekanntes Skigebiet, das besonders schneesicher ist. Bereits im November beginnt hier die Skisaison. Geboten werden einfache, aber auch anspruchsvolle Abfahrten, ein Kinderland und für Nicht-Skifahrer eine Rodelstrecke und Winterwanderwege.

Auch ein Besuch der Zugspitzkapelle, die nur ein paar Meter unter dem Gipfel gelegen ist, lohnt sich. Die kleine Kapelle Maria Heimsuchung ist die am höchsten gelegene Kirche Deutschlands. Sie wurde einst von Kardinal Joseph Ratzinger, dem heutigen Papst, geweiht und ist ein beliebter Ort für Hochzeiten. Über 400 Hubschraubereinsätze waren notwendig, um auf dem Zugspitzplatt Deutschlands höchstgelegenes Gotteshaus zu erbauen.

Wer die Nacht auf dem Dach Deutschlands zu verbringen möchte, kann dies im „Münchner

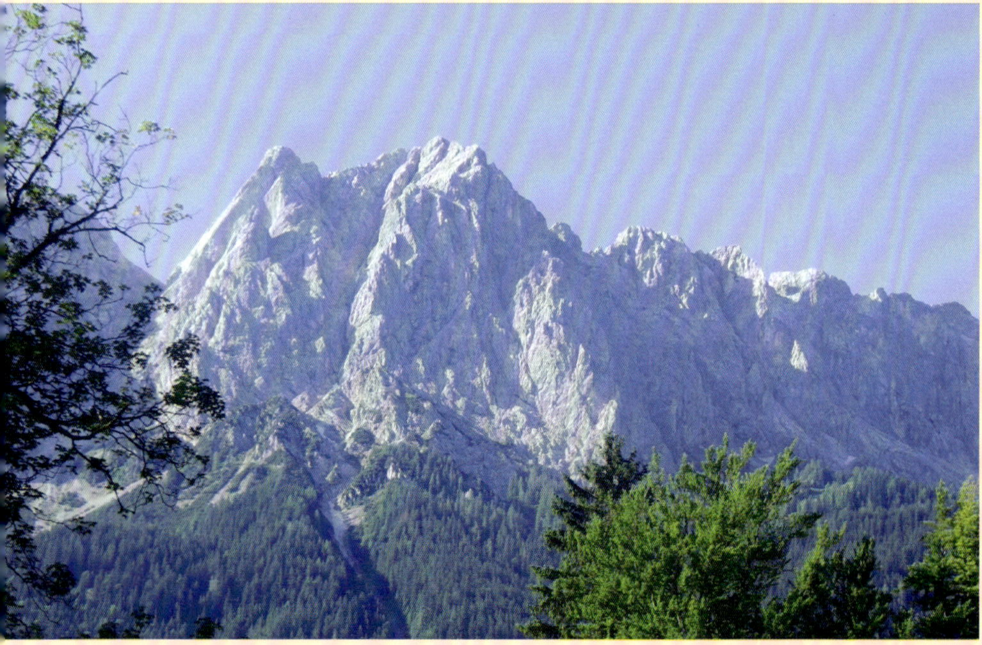

Deutschlands höchster Berg: die Zugspitze.

Haus", einer Berghütte des Alpenvereins, tun. Seit Mitte der 20er-Jahre hat die Familie von Hansjörg Barth das „Münchner Haus" gepachtet. Barth ist Pächter in der dritten Generation, er bietet Übernachtungen im großen, aber gemütlichen Mehrbettzimmer an.

Die günstigste Variante für den Ausflug auf den höchsten Berg Deutschlands ist die Zugspitz-Rundreise, sie kostet 50 Euro für einen Erwachsenen. Mit der Eibsee-Seilbahn geht es zur Bergstation, von dort mit der Gletscherbahn auf das Zugspitzplatt und dann mit der Zahnradbahn wieder runter ins Tal – oder andersherum. 9 Euro mehr kostet es, wenn ein zweiter Gipfel dazu gebucht wird. Alle weiteren Infos unter: www.zugspitze.de

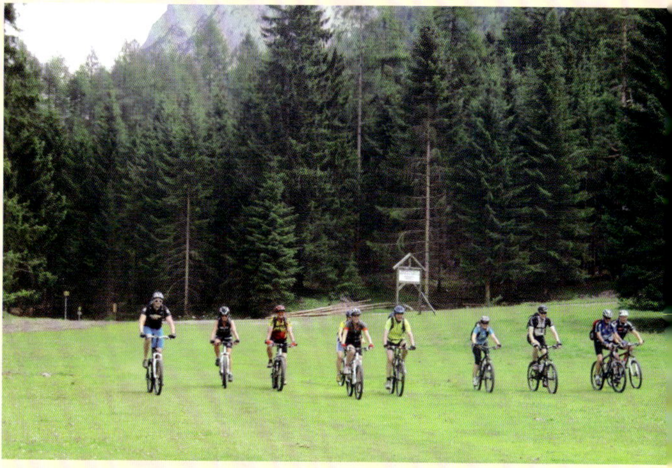

Als Gruppe macht ein Alpencross gleich doppelt so viel Spaß.

Partnachklamm

Auch die Partnachklamm ist schon lange kein Geheimtipp mehr. Jedes Jahr besuchen mehr als 200 000 Menschen das Naturspektakel. Auf einer Länge von etwa 700 m hat sich die Partnach bis zu 80 m tief in den Felsen hineingefressen. Hier unten kann es recht frisch werden und man sollte besser auch im Sommer eine Jacke oder einen Pullover mitnehmen. Zudem ist die Besichtigung der Partnachklamm eine recht feuchte Angelegenheit, da es permanent von den umliegenden Felswänden tropft. Eine Regenjacke hilft in diesem Fall auf den engen Wegen besser als ein sperriger Schirm.

Ein Ausflug in die Partnachklamm lässt sich ideal mit einer Wanderung zum Eckbauer oder zum Hausberg von Garmisch-Partenkirchen kombinieren. Es fahren zu beiden Bergen Bergbahnen, die einem helfen, die Wanderung auf eine gemütliche Länge zu reduzieren.

Die Partnachklamm ist außerhalb dieser Öffnungszeiten (Sommer von 8 bis 18 Uhr, Winter von 9 bis 17 Uhr) auf eigene Gefahr begehbar. Sie ist von Mai bis März geöffnet, es kann aber zwischenzeitlich zu Schließungen aus Sicherheitsgründen (bei extremen Wetterbedingungen) kommen. Adresse: Partnachklamm, Wildenauer Straße, 82467 Garmisch-Partenkirchen, Tel.: Klammkasse 08821/3167, www.partnachklamm-info.de

Olympiaschanze

Die Olympiaschanze am Gudiberg in Garmisch-Partenkirchen ist vor allem durch das jährliche Neujahrsspringen der Vierschanzentournee über Deutschlands Grenzen hinaus bekannt. Die Schanze wurde bereits im Jahr 1921 erbaut, erhielt aber erst 1936 bei den Olympischen Winterspielen ihren Namen. Hier diente sie als Ort für die Wettbewerbe der Skispringer. Vor den großen Spielen wurde sie nach einigen Umbauten in einem Probespringen neu eingeweiht, bevor 130 000 Zuschauer Zeugen des Olympiasieges des Norwegers Birger Ruud wurden. Im Laufe der Jahrzehnte wurde die Schanze mehrfach umgebaut und modernisiert.

Seit 1952 ist sie auch Teil der berühmten Vierschanzentournee. Da hier bereits seit dem Bau der Olympiaschanze 1921 Neujahrsspringen stattfanden, wurde sie eine der vier Austragungsorte des wichtigen Sportevents und ist es bis heute. Mit einer Gesamthöhe von 149 m sind nun Weiten von mehr als 140 m möglich. Auch architektonisch beeindruckt die Schanze durch ihren fast freischwebend wirkenden Anlaufturm. Es werden Führungen angeboten, bei denen den Besuchern die Welt der Skispringer näher gebracht wird. Sie werden über die Geschichte des Skispringens sowie über den Ablauf vor und nach einem Absprung informiert – und das alles in der schwindelerregenden Höhe des Anlaufturms. Dieser ist übrigens nicht nur tagsüber ein Highlight in Garmisch-Partenkirchen: nachts erstrahlt er dank der indirekten Beleuchtung wie eine Skulptur.

Nützliche Adressen

Tourist-Info

Tourist-Info Zugspitzdorf Grainau
Parkweg 8
82491 Grainau
Tel.: +49 8821 981850
E-Mail: info@grainau.de
www.grainau.de

Apotheke

Zugspitz-Apotheke
Unterer Dorfplatz 1
82491 Grainau
Tel.: +49 8821 8832

Bike-Shop

Sport Neuner
Zugspitzstraße 10
82467 Garmisch-Partenkirchen
Tel.: +49 8821 2675
E-Mail: sport-neuner@t-online.de
www.sport-neuner.de

Hotels

Hotel Nuss
Waxensteinstr. 29
82491 Grainau
Tel.: +49 8821 9860
E-Mail: info@hotel-nuss.com
www.hotel-nuss.com

Hotel Wetterstein
Waxensteinstr. 26
82491 Grainau
Tel: +49 8821 985800
E-Mail: info@hotel-wetterstein.de
www.hotel-wetterstein.de

Alpenhof Grainau
Alpspitzstr. 34
82491 Grainau
Tel.: +49 8821 987 0
E-Mail: info@alpenhof-grainau.de
www.alpenhof-grainau.de

Gasthof Höhenrain
Eibseestr. 1
82491 Grainau
Tel: +49 8821 8888
E-Mail: info@hotel-hoehenrain.de
www.hotel-hoehenrain.de

Essen & Trinken

Eibsee-Alm
Seeweg 1
82491 Grainau
Tel.: +49 8821 82411

Taverne
Seeweg 1
82491 Grainau
Tel.: +49 8821 8081

Gungl Stuben
An der Wies 1
82491 Grainau
Tel.: +49 8821 7303950

Füssen

Füssen ist nicht nur die höchstgelegene Stadt Deutschlands (800 bis 1200 m), sondern mit rund 14 200 Einwohnern auch die zweitgrößte Stadt im Allgäu. Eingerahmt von den Ammergauer, Lechtaler und Tannheimer Alpen grenzt Füssen im Osten an den Lech und im Süden an Österreich. Die Stadt ist auch ein Verkehrsknotenpunkt. Denn hier treffen die Romantische Straße, die Deutsche Alpenstraße und die Via Claudia Augusta aufeinander. Die Ursprünge Füssens reichen bis in die Römerzeit zurück. Heute findet man in der historischen Altstadt zahlreiche Barockkirchen, gotische Bürgerhäuser, gemütliche Straßencafés, traditionsreiche Gasthöfe, viele kleine Läden und natürlich die gut erhaltene mittelalterliche Stadtmauer.

Schloss Neuschwanstein

Schloss Neuschwanstein wurde oberhalb von Hohenschwangau auf dem Bergrücken „Jugend" ab

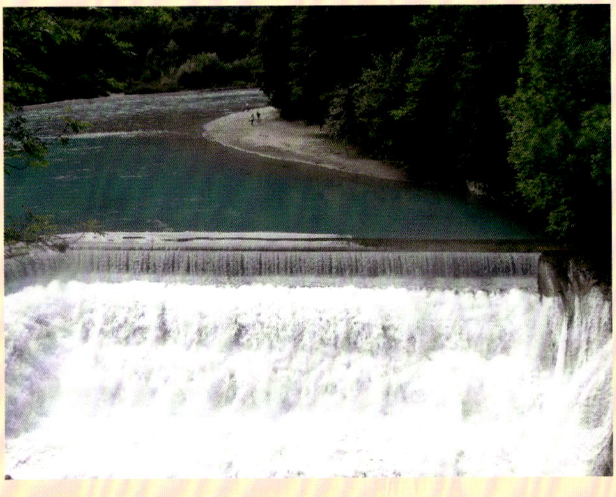

Der Lechfall bei Füssen – ein Besuchermagnet.

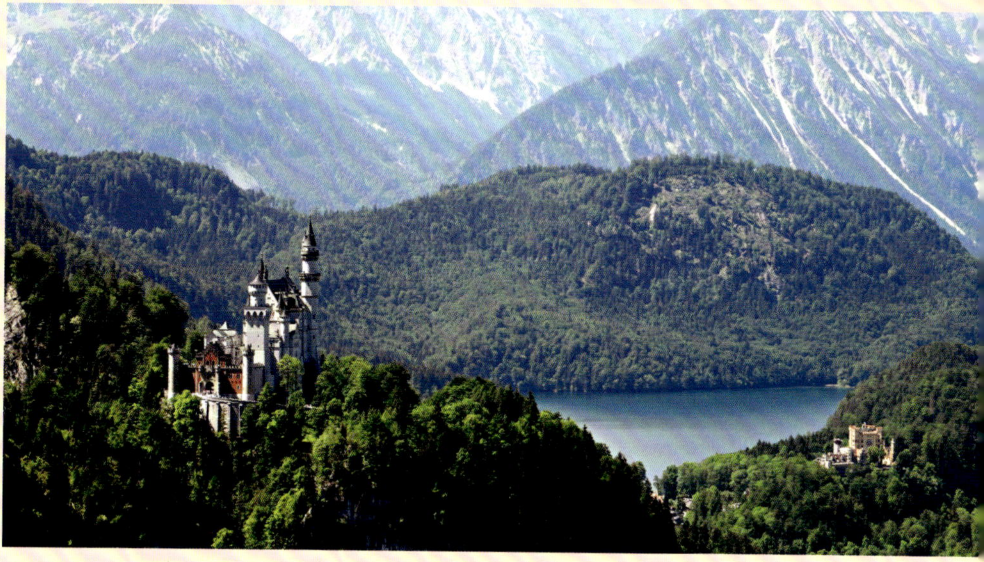

Schloss Neuschwanstein – das meistbesuchte Schloss Europas.

1869 für den bayerischen König Ludwig II. als idealisierte Vorstellung einer Ritterburg aus der Zeit des Mittelalters errichtet. 1884 wurden die ersten Räume bezogen. Doch Ludwig lebte nur wenige Monate im Schloss. Denn er verstarb noch vor der Fertigstellung seines „Märchenschlosses“. Es ist nicht nur das berühmteste der Schlösser Ludwigs II., sondern mit 1,3 Millionen Besuchern das meistbesuchte Schloss Europas und eine der bekanntesten Sehenswürdigkeiten Deutschlands.

Schloss Hohenschwangau

Erstmals wurde das Schloss im 12. Jahrhundert als Burg Schwanstein erwähnt, als Sitz der Edlen vom Schwangau. In den folgenden Jahrhunderten wechselten die Besitzer, die Burg verfiel, wurde neu aufgebaut und wieder zerstört. In der ersten Hälfte des 19. Jahrhunderts ließ König Maximilian II. die Burg zu einem Schloss im neugotischen Stil umbauen. Von nun an diente Hohenschwangau seiner Familie als Sommerresidenz und war die Kinderstube des bayerischen Märchenkönigs Ludwigs II.

Nützliche Adressen

Tourist-Info

Füssen Tourismus und Marketing
Kaiser-Maximilian-Platz 1
87629 Füssen
Tel.: +49 8362 9385 0
E-Mail: tourismus@fuessen.de
www.fuessen.de

Apotheken

Bahnhof-Apotheke
Bahnhofstr. 8
87629 Füssen
Tel.: +49 8362 91810

Drei Tannen-Apotheke
Welfenstr. 1
87629 Füssen
Tel.: +49 8362 6747

St. Mang Apotheke
Reichenstr. 38
87629 Füssen
Tel.: +49 8362 9141-0

Stadt-Apotheke
Reichenstr. 12
87629 Füssen
Tel.: +49 08362 6252

Bike-Shops

Radsport Zacherl
Kemptener Str. 26
87629 Füssen
Tel.: +49 83623292
www.radsport-zacherl.de

Fahrradverleih und Fahrradservice Scheffler
Forggenseestr. 1

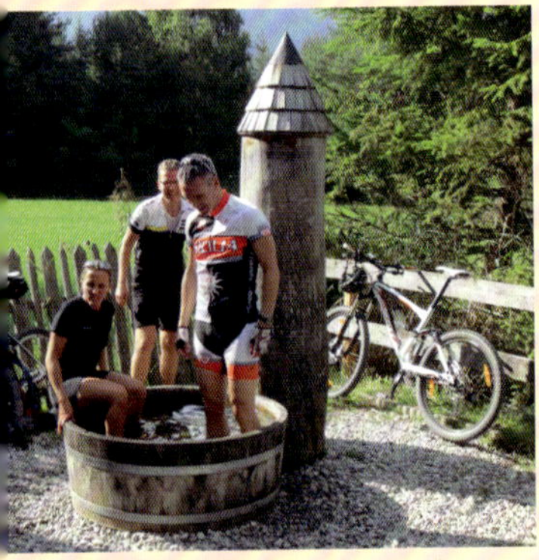

Relaxen in den Becken der Heilquelle bei Strad.

87669 Rieden am Forggensee
Tel.: +49 178 3740219
www.radlerhof.com

Fahl Richard Radservice
Schongauer Str. 23
86983 Lechbruck am See
Tel.: +49 8862 774212

Hotels

Altstadthotel & Schlosswirtshaus „Zum Hechten“
Ritterstr. 6
87629 Füssen
Tel.: +49 8362 91600
E-mail: info@hotel-hechten.com
www.hotel-hechten.com

Aktiv Hotel Schweiger
Ländeweg 2
87629 Füssen – Bad Faulenbach
Tel +49 (0) 8362 9140-0
E-Mail: info@aktiv-schweiger.de
www.aktiv-schweiger.de

Wellness Hotel Sommer
Weidachstr. 74
87629 Füssen
Tel.: +49 8362 9147 0
E-Mail: info@hotel-sommer.de
www.hotel-sommer.de

Essen & Trinken

Café „Am Platzerl“
Abt-Hafner-Str. 9
87629 Füssen
Tel.: +49 8362 507320

Haus Hopfensee
Höhenstr. 14
87629 Füssen
Tel.: 08362 6752

Buchenberg Alm
Auf dem Buchenberg 1
87642 Halblech
Tel.: +49 8368 940763

Imst

Imst liegt auf ca. 800 m Seehöhe im Oberinntal, am Rande der Lechtaler Alpen. Der Hausberg ist der 2774 m hohe Muttekopf. Von Imst führt eine Passstraße über das Hahntennjoch nach Elmen im Lechtal.

Rosengartenschlucht

Auf einer Länge von 1,5 km gräbt sich der Schinderbach von der Blauen Grotte durch die Felsrücken der Imster Mittelgebirgsterrassen bis zur Johanneskirche (Höhenunterschied 250 m). Hier kann der Besucher die Jahrmillionen der Erdgeschichte nachempfinden und sich von der Schönheit der Rosengartenschlucht sowie dem Reichtum an Blumen, Tieren und Steinen in dieser Schlucht begeistern lassen. Alpine Pflanzen und Tiere steigen aufgrund der besonderen Bedingungen in der Rosengartenschlucht weit tiefer als es ihrer eigentlichen Verbreitung entspricht. Das feucht kühle Klima fördert das Wachstum von Farnen und Moosen, man begegnet hier einer einmaligen Vegetation. Das Bemerkenswerte an der Schlucht: Der Einstieg liegt mitten im Zentrum der Stadt.

Blaue Grotte

Neben den Regionen Kitzbühel und Schwaz war die Region um Imst (Gurgltal) eines der bedeutendsten Bergbaugebiete Nordtirols. Schon vor 2000 Jahren zur Römerzeit wurde hier nach silberhaltigem Bleiglanz gesucht. Wahrscheinlich wurde bereits in den ersten Jahrhunderten nach Christi Geburt mit der Feuersetzmethode Erz abgebaut; dabei wurde das Gestein des Felsens durch die Erhitzung spröde und konnte auf diese Weise leichter abgeschlagen werden. So entstand die Blaue Grotte, die wohl in ihrer Art einzigartig in Tirol ist.

Knappenwelt Gurgltal

Der Bergbau war für viele Bewohner im Gurgltal die einzige Möglichkeit, den Lebensunterhalt für ihre Familien zu erarbeiten. So brachte der Bergbau nicht nur viele Stollen, die bis zum heutigen Tag in der Region sichtbar sind, sondern auch einen gewissen Wohlstand für die Menschen, die hier wohnten.

In der „Knappenwelt Gurgltal“, am Fuße des Tschirgants in Tarrenz kann der Besucher am harten aber auch faszinierenden Leben der Knappen teilhaben. Neun Gebäude und ein Stollen laden Groß und Klein auf eine wunderbare Reise in die Vergangenheit ein. In den Gebäuden erfährt man, welche Erze im Gurgltal gefunden wurden und werden und mit welchen Abbautechniken die Knappen das Erz aus den Stollen zu den Erzhöfen und zur weiteren Verarbeitung beförderten.

Nützliche Adressen

Tourist-Info

Tourist-Info Imst
Johannesplatz 4
6460 Imst
Tel: +43 5412 6910 0
E-Mail: info@imst.at
www.imst.at

Bike-Shop

bike&run
Meraner Str. 15
6460 Imst
Tel. +43 5412 63770
E-Mail: info@bike-run.at
www.bike-run.at

Apotheken

Gurgltal-Apotheke
Pfarrgasse 42
6460 Imst
Tel.: +43 5412 64433

Stadtapotheke Imst
Dr.-C.-Pfeiffenberger-Str. 22
6460 Imst
Tel.: +43 5412 66210

Hotels

Hotel Auderer
Brennbichl 82
6460 Imst
Tel.: + 43 5412 66885
E-Mail: hotel@auderer.at
www.hotel-auderer.com

Panoramahotel Gurgltaler Hof
Rotanger 1
6464 Tarrenz
Tel.: +43 5412 66048
E-Mail: info@gurgltaler-hof.com
www.gurgltaler-hof.com

Hotel Stern GmbH
Pfarrgasse 42
6460 Imst
Tel.: +43 5412 63342
E-Mail: info@stern-imst.at
www.stern-imst.at

Alpenhotel Linserhof
Teilwiesen 1
6460 Imst
Tel.: +43 5412 66415
E-Mail: hotel@linserhof.info
www.linserhof.at

Essen & Trinken

Il Camino
Schustergasse 4
6460 Imst
Tel.: +43 5412 62162

Pizzarella
Dr.-C.-Pfeiffenberger Str. 16
6460 Imst
Tel.: +43 5412 62244

Oase
Industriezone 32
6460 Imst
Tel.: +43 5412 63015

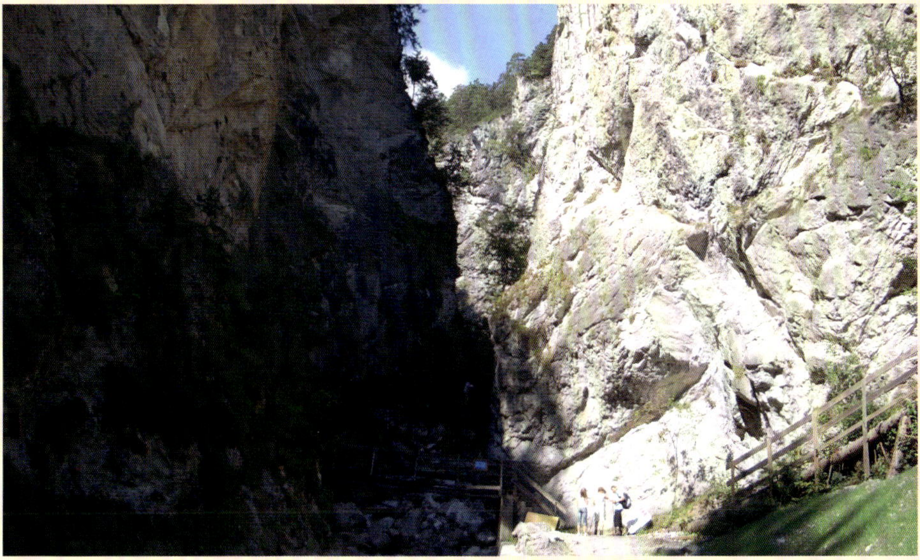

In der Rosengartenschlucht kann man als Wanderer die Jahrmillionen der Erdgeschichte nachempfinden.

2 Auf den Spuren der Römer durchs Inntal – von Imst nach Pfunds

Panorama

Höhenunterschied
ca. 480 hm

Tourlänge
ca. 53 km

Ausgangs-/Endpunkt: Imst (ca. 800 m)/Pfunds (ca. 970 m)

Ausdauer: Die ***Basisroute*** stellt keine besonderen Herausforderungen an Ausdauer und Kondition. Für den Anstieg über die Fließer Platte ist eine gute Grundlagenausdauer erforderlich, insbesondere für Radfahrer mit Kinderanhänger.

Wegbeschaffenheit: ***Basisroute*** komplett auf asphaltierter Radroute; Weg über Fließer Platte meist auf gut fahrbaren Forstwegen, kleinen Asphaltstraßen sowie einigen flowigen Trails; Schiebepassage hinauf zur Fließer Platte sowie ggf. Trail hinab auf den Inntalradweg ***(Variante 1)***

▽ **Kinderanhänger:** Fließer Platte – Schiebepassage, Wiesentrail ***(Variante 1)***

höchster Punkt: Pfunds (ca. 970 m); Fließ (1070 m)

Variante:
1 Fließer Platte (ca. 400 hm; ca. 11 km)

Einkehrtipps: diverse Cafés in Landeck, Fischeralm am Rieder Badesee, Gasthäuser in Ried und Pfunds

Kartentipps: KOMPASS 24 – Lechtaler Alpen, Hornbachkette; KOMPASS 42 – Landeck, Nauders, Samnaungruppe

Die zweite Etappe führt uns aus dem Gurgltal hinaus, durchs Inntal nach Landeck und weiter bis kurz vor die österreichisch-schweizerische Grenze nach Pfunds. Es locken zahlreiche Fernblicke auf die atemberaubende Bergwelt Tirols.

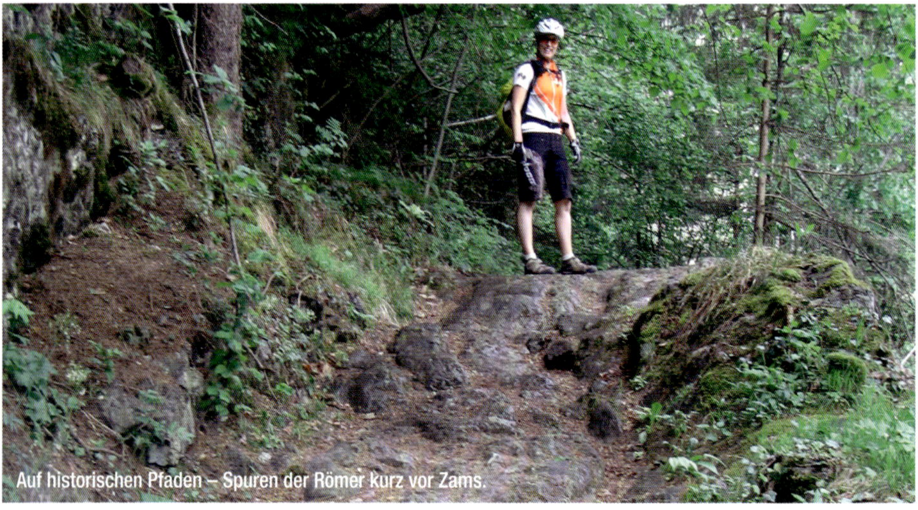
Auf historischen Pfaden – Spuren der Römer kurz vor Zams.

Wir starten unsere heutige Etappe in Imst (ca. 800 m) und rollen zunächst ganz gemütlich auf dem Inntalradweg durch die Dörfchen Mils, Schönwies und Zams Richtung Landeck. Wir folgen hierbei stets der alten Römerstraße, der Via Claudia Augusta. Kurz vor Zams haben wir Gelegenheit, die geschichtsträchtigen Spuren der Römer und ihrer Wagen zu bestaunen. Denn diese haben sich hier für alle Zeiten in den Stein gegraben.

Ab Zams ist es nicht mehr weit, bis wir das kleine Städtchen Landeck am Inn erreichen. Jetzt müssen wir uns entscheiden, ob wir weiter der Basisroute folgen, also „unten" auf dem Inntalradweg bleiben, oder die Route über die Fließer Platte wählen (Variante 1). Entscheiden wir uns für diese wirklich lohnenswerte Alternative, fahren wir durch die Gässchen der Altstadt hinauf zum Schloss Landeck. Der Vorhof des Schlösschens mit seinem Trinkwasserbrunnen lädt zu einer kleinen Verschnaufpause ein.

SEHENSWÜRDIGKEITEN

Schloss Landeck

Das Schloss steht im Süden der Stadt Landeck auf einer felsigen Kuppe über dem tief eingeschnittenen Inntal. Ursprünglich diente die Burg als Gerichtssitz der Grafen von Tirol, die um 1250 das landesfürstliche Gericht Landeck schufen. 1296 erscheint sie erstmals in schriftlichen Quellen.

Im 19. Jahrhundert wechselte der Gerichtssitz in einen ehemaligen Ansitz in der Herzog-Friedrich-Straße und die Burg wurde zur Kaserne. 1942 kaufte die Stadt Landeck das Schloss, worauf die Restaurierung und die Errichtung des Bezirksmuseums Landeck erfolgten.

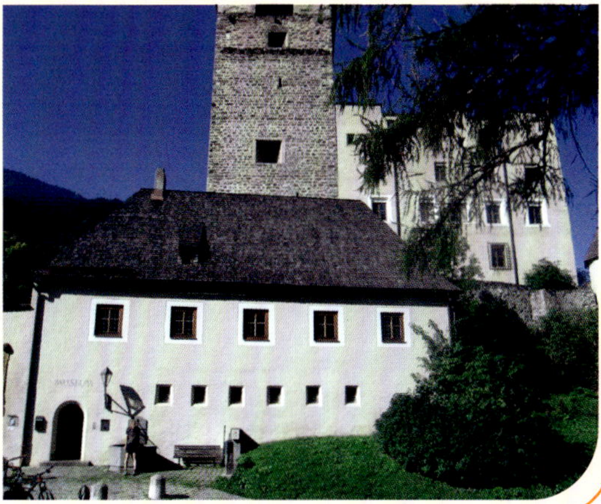

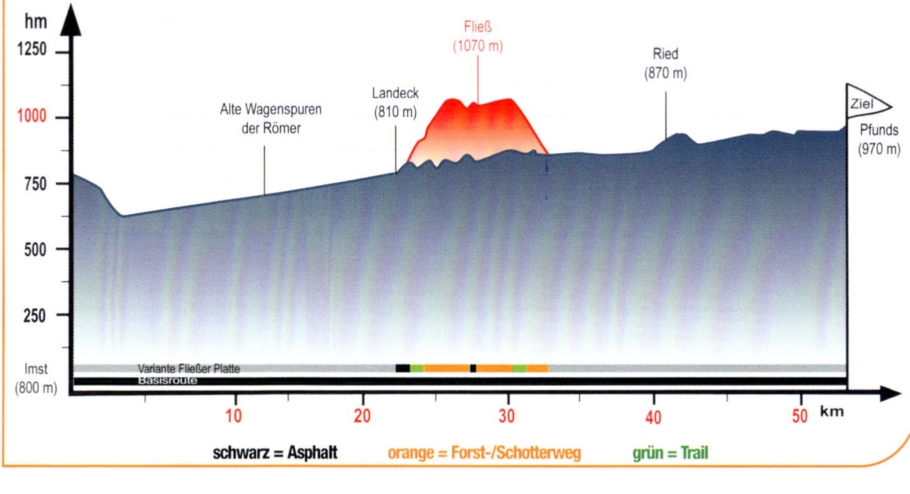

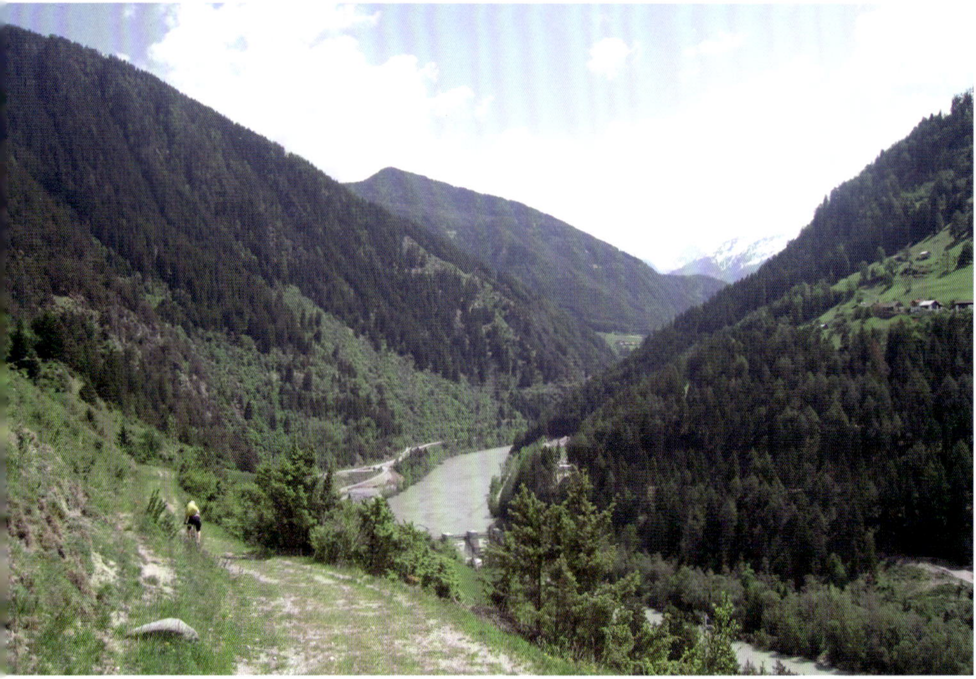

Von der Fließer Platte haben wir einen guten Blick ins enge Inntal.

Nun steht der Anstieg hinauf auf die Fließer Platte an. Etwa 300 hm am Stück gilt es, zu überwinden – zunächst noch auf Asphalt, dann auf gut fahrbarer Forststraße. Nur das letzte Stück bis zum Aussichtspunkt „Fließer Platte“ müssen wir schieben oder tragen – dies ist aber in max. zehn Minuten erledigt. Weiter geht es über Forstwege und gut fahrbare Trails durch den Naturpark Kaunergrat bis nach Fließ (ca. 1070 m). Hinab zum Inn wartet ein flowiger Wiesentrail auf uns, der am Ende recht steil und etwas holprig wird, bevor er uns auf den Inntalradweg zurückbringt.

Grundsätzlich ist die Variante über die Fließer Platte auch für trainierte Trekking- und Tourenradler mit Kinderanhänger fahrbar, wenn man die beiden Schiebepassen in Kauf nimmt und auch vor ein paar Trails nicht zurückschreckt. Wer es etwas weniger „abenteuerlich“ angehen möchte, dem sei zum Inntalradweg geraten.

Auf guter Asphaltpiste folgen wir weiter dem Inn und erreichen kurz nach Prutz den Rieder Badesee. Dieser idyllische kleine See mit seiner Wasserrutsche und der etwas oberhalb gelegenen Fischeralm befindet sich links von der Radroute. Am einfachsten fährt man von Prutz aus entlang der Straße nach Ried um hier eine Rast zu machen. Also: Badesachen nicht vergessen.

Von Ried aus ist es nur noch ein Katzensprung (ca. 15 km) bis zu unserem Etappenziel Pfunds. Stets dem Verlauf des Inn folgend geht es mit leichter Steigung auf kleinen Asphaltsträßchen Richtung österreichisch-schweizerische Grenze.

Etappenorte

Landeck

Landeck ist eine Kleinstadt mit knapp 8000 Einwohnern im Tiroler Oberland. Über der Stadt ragt von Weitem sichtbar das Schloss Landeck, die Hauptattraktion des kleinen Ortes. Schon in der Römerzeit war der Landecker Talkessel ein wichtiger Verkehrsknotenpunkt. Mit der Römerstraße Via Claudia Augusta und dem Pfad über den Arlberg erlangte Landeck schon früh eine wichtige wirtschaftliche Bedeutung. Der Passübergang über den Arlberg erlebte seinen Aufschwung im Mittelalter, zu dieser Zeit erhob man sogar Wegegeld. Im Mittelalter wurden Verkehr und Handel von den drei Burgen des Talkessels kontrolliert (Burg Landeck, Burg Schrofenstein, Kronburg). Am Ende des Dreißigjährigen Krieges (1648) reichte in vielen landwirtschaftlichen Betrieben der Ertrag nicht aus, um eine Familie versorgen zu können. Viele erwachsene Männer mussten als Saisonarbeiter nach Deutschland und in die Schweiz gehen, schulpflichtige Mädchen und Burschen als Schwabenkinder in den süddeutschen Raum. Diese Not hielt noch bis zur Eröffnung der Arlbergbahn 1883 an. Mit dem Bau der Arlbergbahn wurde Landeck an das internationale Eisenbahnnetz angeschlossen. 1883 wurde das Teilstück Innsbruck-Landeck eröffnet, im September 1884 war die gesamte Strecke fertiggestellt. Die Bahn brachte nicht nur Arbeitsplätze für viele Eisenbahner, die vor der Elektrifizierung der Strecke zum Betrieb notwendig waren, sondern auch einen Industrialisierungsschub.

Heute ist Landeck ein wichtiger Industriestandort und die Westtiroler Bergwelt eine beliebte Ferienregion. Das reichhaltige Sportangebot, zahlreiche Ausflugsziele und Einkaufsmöglichkeiten bieten ein abwechslungsreiches Urlaubsprogramm.

Ein wahrhaft kulinarisches Einkaufserlebnis verspricht der wöchentlich stattfindende Landecker Frischemarkt. Ob echtes Vinschger Brot, würziges Palabirnenbrot oder Schüttelbrot aus Südtirol, Bienenhonig und Johannisöl, Schafswürste oder Fisch aus heimischen Alpenbächen, allein beim Spaziergang über den Wochenmarkt läuft dem Besucher das Wasser im Mund zusammen. Hier kann man sich mit allerlei Köstlichkeiten eindecken, die man für ein gemütliches Picknick – etwa oben auf der Fließer Platte – gebrauchen kann (Öffnungszeiten: Jeden Freitag von 10:00 bis 17:00 Uhr in der Malserstr. in Landeck).

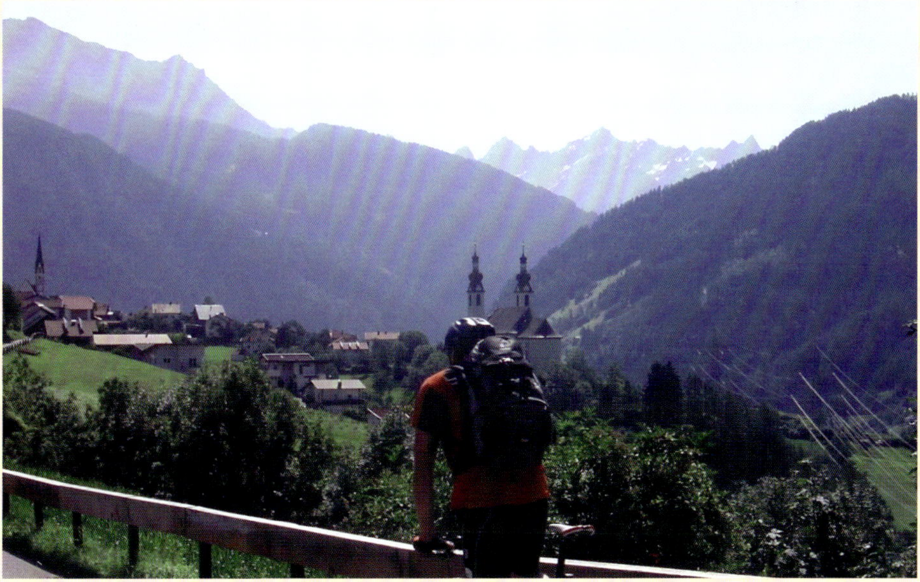

Kurz vor Fließ bieten sich grandiose Fernblicke auf die Tiroler Bergwelt.

Nützliche Adressen

Tourist-Info

Tourismusverband Tirol-West
Malserstr. 10
6500 Landeck
Tel.: +43 5442 65600
E-Mail: info@tirolwest.at
www.tirolwest.at

Apotheke

Stadtapotheke Landeck
Malserstr. 18
6500 Landeck
Tel.: +43 5442 623340

Bike-Shops

Auer 2-Rad
Malserstr. 42
6500 Landeck
Tel.: +43 05442 62520

Peto-Fahrradfachgeschäft
Hauptstr. 106
6511 Zams
Tel.: +43 05442 63550
www.petobike.com

Essen & Trinken

Restaurant Hotel Schrofenstein
Malserstr. 31
6500 Landeck
Tel.: +43 5442 62395

Gasthof Kreuz
Rifenal 15
6511 Zams
Tel.: +43 5442 61240

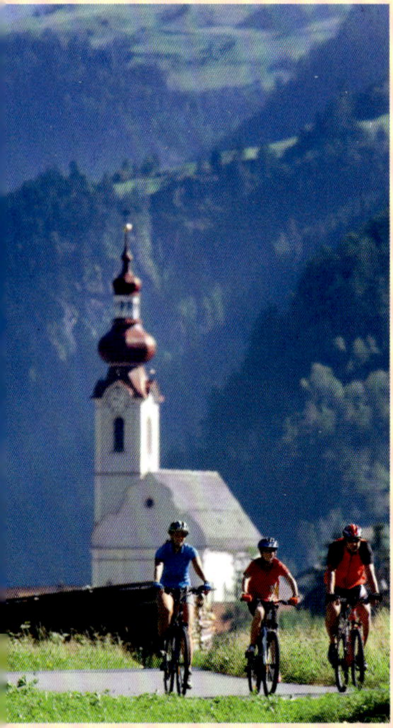

Auf dem Inntalradweg bei Pfunds mit der Dorfkirche im Hintergrund.

Pfunds

Pfunds liegt im obersten Abschnitt des Tiroler Inntals, dem Oberen Gericht, also im Dreiländereck Österreich-Schweiz-Italien. Bei der kurz hinter Pfunds gelegenen Kajetansbrücke zweigen die Straßen nach Spiss und weiter nach Samnaun sowie nach Nauders und zum Reschenpass ab.

Die Gemeinde mit ihren 2544 Einwohnern besteht aus den Ortsteilen Stuben am linken und Pfunds-Dorf am rechten Innufer und den Weilern Wand, Vorder- und Hinterkobel, Birkach, Lafairs, Stein und Greit. Die von den mächtigen Gipfeln der Samnaungruppe im Nordwesten und den Öztaler Alpen im Osten umgebene Gemeinde lädt im Sommer zum Biken, Schwimmen, Wandern, Raften und Paragleiten ein und ist im Winter durch die Nähe zu den Skigebieten Samnaun und Nauders ein beliebter Winterurlaubsort.

Radurschlklamm

Die Radurschklamm, auch Pfundser Klamm genannt, ist eine wildromantische Klamm in der Nähe von Pfunds und ein lohnendes Ausflugsziel für die ganze Familie. Über gut ausgebaute Steige und zahlreiche Brücken wandert man an überhängenden Felswänden und rauschenden Wasserfällen vorbei am Radurschlbach entlang. Der Zugang zur Klamm befindet sich im Pfundser Ortsteil „Stampfau". Wer nach der Wanderung (Gehzeit ca. 1,5 Stunden) einkehren möchte, dem sei der „Kalte Wirt" oder der Berghof Greit empfohlen.

Naturpark Kaunergrat

Die Naturparkregion Kaunergrat reicht im Norden bis nach Landeck und Imst. Im Süden erstreckt er sich bis zum Alpenhauptkamm und umfasst dabei das Pitztal, das Kaunertal und Teile des Inntales. Auf einer Fläche von 58 920 ha schließt sie alle Höhenstufen der Alpen mit ein, von den Innauen (750 m) hinauf bis zu den markanten Dreitausendern der Ötztaler Alpen und der alles überragenden Wildspitze (3768 m).

Wer sich über den Naturpark informieren möchte, ist im Naturparkhaus richtig. Es handelt sich um ein Infozentrum für natur- und kulturinteressierte Besucher. Von der interaktiven Wanderung bis hin zu Informationen über Geologie, Pflanzen, Tiere und Menschen der Region findet man hier alles Wesentliche zur Naturparkregion Kaunergrad. Das Zentrum ist gleichzeitig Ausgangspunkt zahlreicher angelegter Wander- und Themenwege (weitere Infos unter: www.kaunergrat.at).

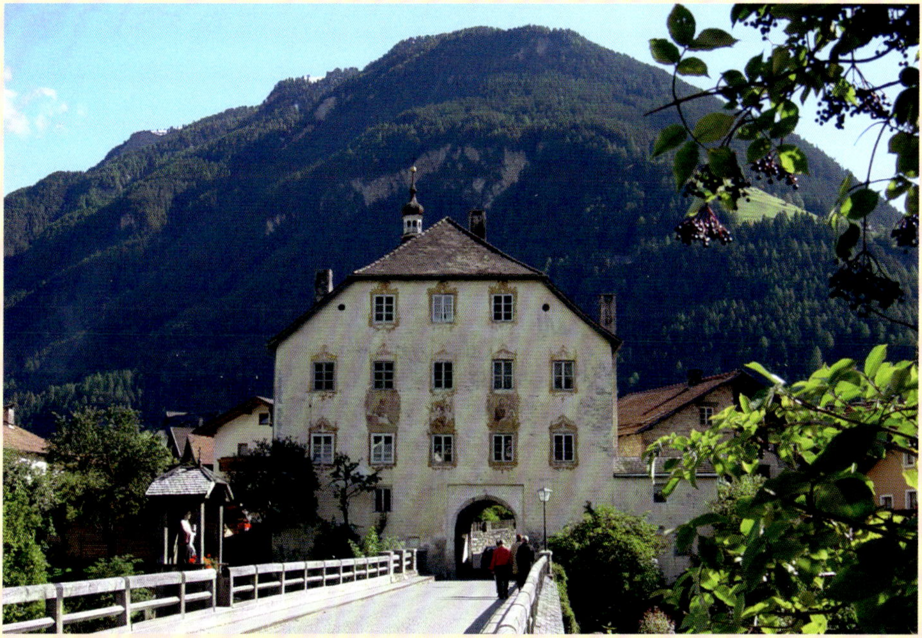

Die kleine Gemeinde Pfunds liegt malerisch im Oberen Inntal.

Nützliche Adressen

Tourist-Info

Tourismusverband Pfunds
Stuben 40
6542 Pfunds
Tel.: +43 5474 5229
E-Mail: pfunds@tiroler-oberland.com
www.tiroler-oberland.com

Apotheken

Hausapotheke Dr. Zerlauth
Gemeindehaus Stuben 45
6542 Pfunds
Tel.: +43 5474 5207

Hausapotheke Dr. Stefan Krehn
Hnr. 1
6531 Ried
Tel.: +43 5472 221 10

Hausapotheke Dr. Plangger
Mühlgasse 6
6522 Prutz
Tel.: +43 5472 6202

Hotels

Hotel Gasthof Traube
Pfunds 10
6542 Pfunds
Tel.: +43 5474 5210
E-Mail: info@traube-pfunds.at
www.traube-pfunds.at

Hotel Edelweiß
Reschenstr. 292
6542 Pfunds
Tel.: +43 5474 52 64
E-Mail: info@edelweiss-pfunds.at
www.edelweiss-pfunds.at

Hotel Sonne
Stuben 299
6542 Pfunds
Tel.: +43 5474 5232
E-Mail: info@sonne-pfunds.at
www.sonne-pfunds.at

Ferienhof Schöne Aussicht
Gatter 354
6542 Pfunds
Tel.: +43 5474 5238
E-Mail: office@schoene-aussicht-pfunds.at
www.schoene-aussicht-pfunds.at

Essen & Trinken

Gasthof Hirschen
Dorf 92
6542 Pfunds
Tel.: +43 5474 5711

Restaurant Florian
Stuben 484
6542 Pfunds
Tel.: +43 5474 5914

3 Über den Reschenpass nach „Bella Italia“ – von Pfunds nach Prad

Panorama ○○○○○

Höhenunterschied ca. 700 hm

Tourlänge ca. 60 km

Ausgangs-/Endpunkt: Pfunds (ca. 970 m)/Prad (ca. 920 m)

Ausdauer: Für die Auffahrt zur Norbertshöhe (ca. 380 hm) ist eine gute Kondition erforderlich. Wem dies zu viel sein sollte, der kann auch den Postbus nehmen.

Wegbeschaffenheit: ***Basisroute*** – bis auf wenige kurze Abschnitte auf gut fahrbarem Schotter – komplett auf asphaltiertem Radweg; Abstecher nach Altfinstermünz auf geschottertem, ebenfalls gut fahrbarem Radweg ***(Variante 1)***

▽ **Kinderanhänger:** keine Einschränkungen (weder Basisroute noch Variante)

höchster Punkt: Reschensee (1500 m)

Variante:
1 Abstecher nach Altfinstermünz (ca. 40 hm; ca. 1 km)

Einkehrtipps: Kiosk an der Zollstation Martina, Alpengasthof Norbertshöhe, diverse Cafés und Gasthäuser in Nauders oder Reschen, Eisdielen und Cafés in Glurns

Kartentipps: KOMPASS 42 – Landeck, Nauders, Samnaungruppe; KOMPASS 52 – Vinschgau

Unsere dritte Alpencross-Etappe führt uns auf die Sonnenseite der Alpen. Wir fahren durchs österreichisch-schweizerische Grenzgebiet hinauf nach Nauders und weiter über den Reschenpass ins Vinschgau. Jetzt können wir „Bella Italia“ riechen, schmecken und fühlen.

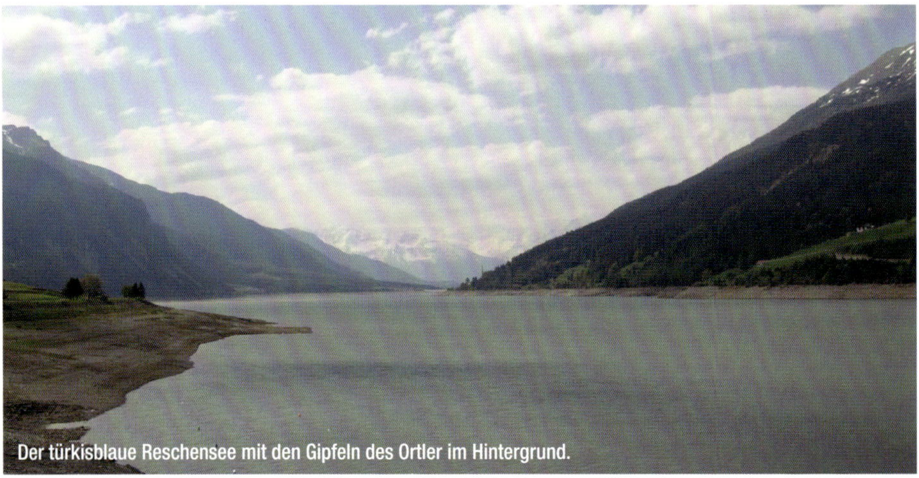

Der türkisblaue Reschensee mit den Gipfeln des Ortler im Hintergrund.

Wir starten unsere Etappe in Pfunds (ca. 970 m). Wir verlassen den kleinen Ort auf der Radroute Richtung Schweiz. Die Routenführung des Radweges wurde angepasst und wir radln über eine neue Hängebrücke über den rauschenden Inn vorbei am Campingplatz Via Claudia und fahren unter der Kajetansbrücke durch vorbei an der Zollstation. Bald haben wir die Wahl: Entweder bleiben wir auf dieser meist wenig befahrenen Straße bis Martina – denn die meisten Autofahrer nehmen die Reschenstraße auf der österreichischen Seite nach Nauders – oder wir gönnen uns noch einen Abstecher hinunter ins enge Tal zur alten Feste Altfinstermünz (Variante 1). Hierzu verlassen wir bald die Straße und folgen dem Hinweisschild nach links auf einen Forstweg. Der Weg zur Feste ist als Radroute ausgebaut und auch für Radfahrer mit Kinderanhänger gut fahrbar. Es empfiehlt sich, den gleichen Weg zur Mautstraße zurück zu nehmen. Denn die Abkürzung über den schmalen Pfad steil hinauf nach Weinberg ist eine rechte „Kraxelei“ und sei nur denen angeraten, die ihre Räder gerne schieben oder tragen.

SEHENSWÜRDIGKEITEN

Altfinstermünz

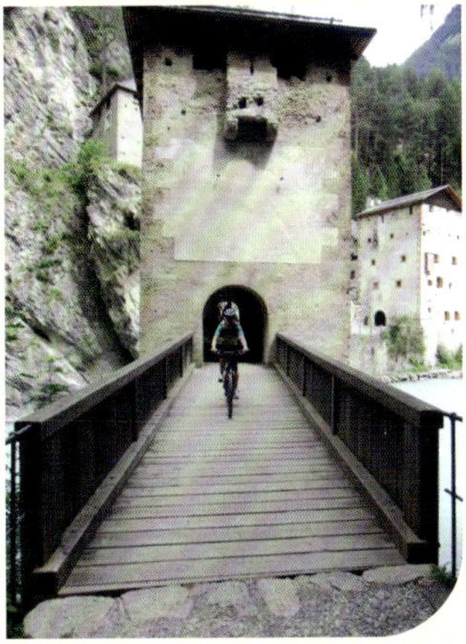

Die Finstermünz (heute Altfinstermünz) gehört zum Gemeindegebiet von Nauders und liegt dort, wo die bis 1854 benutzte alte Straße vom Reschenpass in Richtung Pfunds-Landeck den Inn erreicht, der die Grenze zur Schweiz bildet. Hier steht eine kleine Kapelle, das alte Zollhaus und wie an den Felsen geklebt „Sigismundseck“, erbaut von Herzog Sigismund. Inmitten des Inn steht der alte Turm mit der Holzbrücke. Die Altfinstermünz ist von zwei Seiten zu erreichen: Ein Weg führt vom Unterengadin ins Obere Gericht, ein zweiter Weg führte schon zur Römerzeit nach Altfinstermünz, die Via Claudia Augusta. Die Altfinstermünz ist nur im Sommer zugänglich (freier Eintritt). Alle weiteren Infos zu Führungen und Besichtigungen: www.altfinstermuenz.com.

Haben wir schließlich die Zollstation in Martina erreicht, ist es nicht mehr weit bis nach Nauders. Wir nehmen die Fahrstraße über die Norbertshöhe (1409 m), die sich in 11 Kehren mit angenehmer Stei-

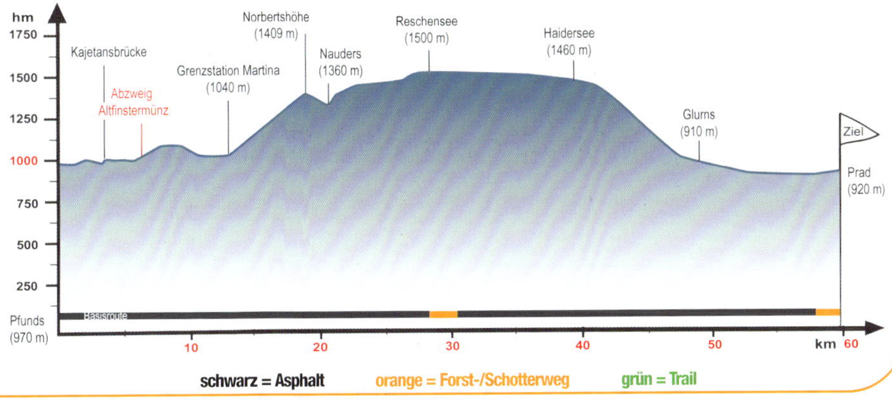

SEHENSWÜRDIGKEITEN

Schloss Naudersberg

Die Burg Naudersberg (oder auch Schloss Naudersberg) wurde in ihrem Kern um 1200 angelegt und wird 1239 erstmals urkundlich erwähnt. Von 1330–1919 wurde sie als landesfürstliches Gericht genutzt und war auch Wohnsitz des jeweiligen Pflegers und Richters. Da die Burg nie von einem Landesfürsten bewohnt wurde, ist auch immer nur das Nötigste zu ihrer Erhaltung getan worden; dadurch zeigt sich die Burg auch heute noch im originalen mittelalterlichen Bauzustand. Die Burg gelangte 1980 in Privatbesitz und wurde mit denkmalpflegerischer Begleitung behutsam renoviert. Heute dienen die ehemaligen Stallungen als Schlossrestaurant. Die alten Arreste und die Gefängnisküche liegen ebenfalls im Erdgeschoss. In den oberen Stockwerken ist ein Museum über das Gerichtswesen und den Verkehr über den Reschenpass eingerichtet. Der 2. Stock wird auch für Veranstaltungen und Bildergalerien genutzt. Im gleichen Stockwerk befinden sich die Gerichtskanzlei und die Schlosskapelle sowie die Richterstube, in der heute auch standesamtliche Trauungen stattfinden (Öffnungszeiten: So und Feiertage: 11:00 Uhr; Mi: 17:00 Uhr; Di, Do, Fr: 16:30 Uhr).

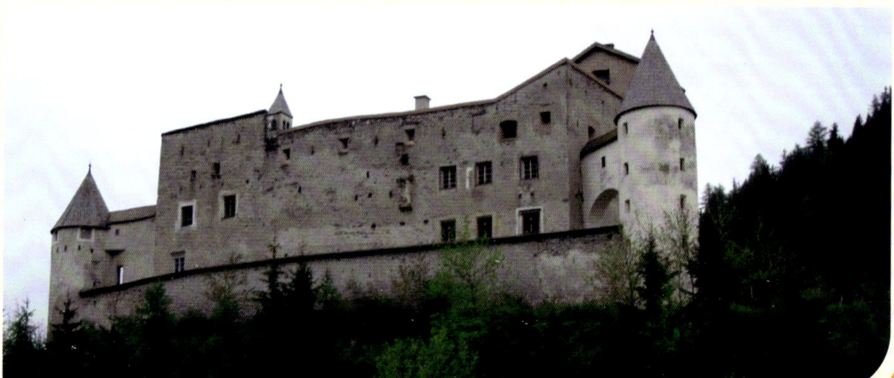

gung über ca. 380 hm hinauf schlängelt. Während wir uns ganz gemächlich immer höher hinauf schrauben, haben wir einen grandiosen Blick auf die Bergwelt Tirols und des Engadin. Oben angekommen, bietet sich ein Cappuccinostopp auf der Terrasse des Alpengasthofs Norbertshöhe an, bevor wir weiter der Fahrstraße hinunter nach Nauders folgen.

Wem die Auffahrt zur Norbertshöhe zu anstrengend ist, der kann alternativ den sogenannten Huckepackbus nutzen. Von Mai bis Oktober bietet der österreichische Postbus auf der Linie Landeck-Nauders einen kostenlosen „Huckepacktransport" für Fahrräder an. Da maximal 18 Fahrräder auf dem Anhänger Platz haben, empfiehlt es sich, v. a. in der Hauptsaison, zu reservieren. Der Bus fährt zwischen Landeck und Nauders von 08:00 bis 16:00 Uhr im Zweistundentakt. Stationen auf unserer Route sind: Landeck, Prutz, Ried, Tösens, Pfunds, Kajetansbrücke, Nauders (Reservierung und Fahrplaninfos unter: Tel.: +43 5442 644 22; www.postbus.at).

In Nauders angekommen, ob mit Rad oder Bus, radeln wir durch den kleinen Wintersportort hindurch und folgen stets der Radroute Richtung Reschenpass. Am Ortsausgang erhebt sich direkt an der „alten Straße“ Schloss Naudersberg – sozusagen die letzte „Bastion“ auf Tiroler Seite, bevor es hinüber nach Italien geht.

Unsere Route führt uns auf dem direkten Weg gen Reschenpass. Von Nauders (ca. 1360 m) in Tirol sind nur noch rund 140 hm auf guter asphaltierter Radroute zu überwinden, bis wir den türkisblauen Reschensee vor uns funkeln sehen – wir sind in Italien! Wenn das Wetter gut ist und uns weder Nebel noch Wolken die Sicht rauben, können wir am Horizont den Ortler mit seinen drei charakteristischen Graten erkennen.

Wir folgen der Radroute am Seeufer entlang und schon bald taucht der versunkene Kirchturm von Graun vor uns auf. Hier sollte man keinesfalls versäumen, das obligatorische Foto zu schießen. Denn auch dieser Ort hat seine ganz eigene Geschichte zu erzählen.

Den Ortler stets vor Augen geht es weiter, vorbei am Lago di San Valentino, hinab ins Vinschgau. Auf schneller Asphaltroute verlieren wir in rasanter Fahrt schnell Höhenmeter. Mit jedem Meter, den wir auf der Radroute gen Meran hinabsausen, wird es wärmer. War es oben am Reschensee noch windig und die Bergluft rau und frisch, wird das Klima nun zunehmend milder und mediterraner. Wir können „Bella Italia“ quasi riechen und fühlen! Wir lassen die kleinen Ortschaften Burgeis und Schleis hinter uns und sehen schon bald die Türme und Mauern der mittelalterlichen Stadt Glurns vor uns auftauchen. Jetzt ist es definitiv Zeit für ein Eis oder einen Cappuccino auf dem Marktplatz der malerischen Altstadt.

Nachdem wir uns gestärkt haben, radeln wir weiter entspannt auf dem Radweg dahin und sehen bald die ersten Apfelplantagen, die Wahrzeichen des Vinschgau, neben uns. An Plantagen und Fischerteichen vorbei rollen wir auf unser Etappenziel Prad zu – das Stilfser Joch mit seinem immer weißen Gletscher fest im Blick.

SEHENSWÜRDIGKEITEN

Graun am Reschensee

Die Reste des „alten“ Ortes Graun befinden sich heute auf dem Grund des Reschensees. Der Stausee wurde zwischen 1948 und 1950 zur Stromerzeugung angelegt. Die Bevölkerung wurde umgesiedelt und der Ort am östlichen Talrand neu aufgebaut. Alle Gebäude Alt-Grauns wurden – bis auf den denkmalgeschützten Kirchturm „San Pietro“ – geschleift. Dieser ragt noch heute aus den türkisblauen Fluten des Reschensees empor und erinnert daran, dass Graun einst zugunsten der Stromerzeugung geopfert wurde.

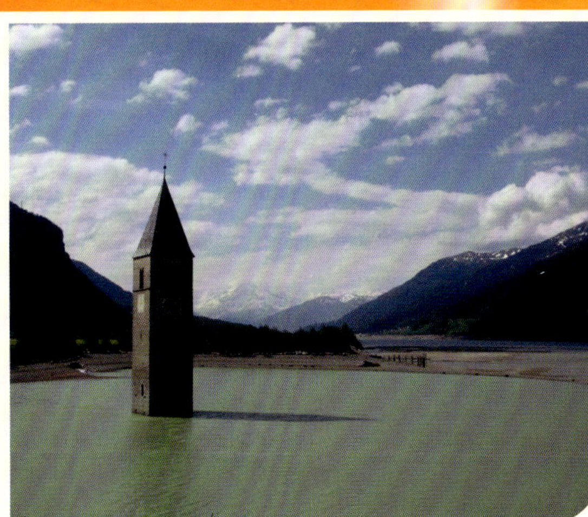

Etappenorte

Nauders

Das österreichische Bergdorf Nauders liegt in einem Hochtal, dem Tal des Stille Bachs oberhalb des Inntals, zwischen dem Finstermünzpass im Norden und dem Reschenpass im Süden und gehört geografisch schon zum Vinschgau. Am „Dreiländergrenzstein" (2179 m) im Südwesten des Gemeindegebiets treffen die Grenzen von Österreich, der Schweiz und Italien aufeinander.

Festung Nauders

Bei der Festung Nauders handelt es sich um die einzige vollständig erhaltene Festungsanlage Alt-Österreichs. Sie diente lange Zeit zum Schutz der Südgrenze Tirols. Die Festung wurde um 1840 errichtet, gegenüber steht die Kaserne mit ihren

in den Berg eingelassenen Bunkern. Von hier aus zog sich die aus dem frühen Mittelalter stammende Verteidigungsmauer, die Niklasmauer, den Berg hinauf. Reste davon kann man heute noch besichtigen (Öffnungszeiten: Mittwoch und Sonntag um 15:00 Uhr).

Pfarrkirche St. Valentin

Am oberen Ende des Ortskerns steht die Valentinskirche, deren Vorgängerbauten seit der Christianisierung des Gebiets um 400 durch den heiligen Valentin hier gestanden haben sollen. Belegt ist eine Kirchenweihe aus dem 11. Jahrhundert, als das Gebäude vergrößert wurde. Die heutige Pfarrkirche stammt von 1509 und wurde später im barocken (18. Jahrhundert) und 1832 im neuromanischen Stil umgestaltet. Im Innenraum sind zwei spätgotische Schnitzaltäre aus dem 16. Jahrhundert erhalten geblieben. Diese Altäre sind zu Ehren der Rosenkranzkönigin und des hl. Michael vom einheimischen Maler Franz Stecher gestaltet worden. Das Hochaltarbild des Malers Karl von Blaas aus Nauders aus dem Jahre 1870 zeigt den Passauer Bischof Valentin. Im Jahre 2000 wurde die Kirche bzw. der Glockenturm renoviert (Öffnungszeiten: Mittwoch und Sonntag um 15:00 Uhr).

St. Leonhardskapelle

Romanischer Bau mit einräumigem, fast quadratischem Schiff und halbrunder Apsis. Entstehung

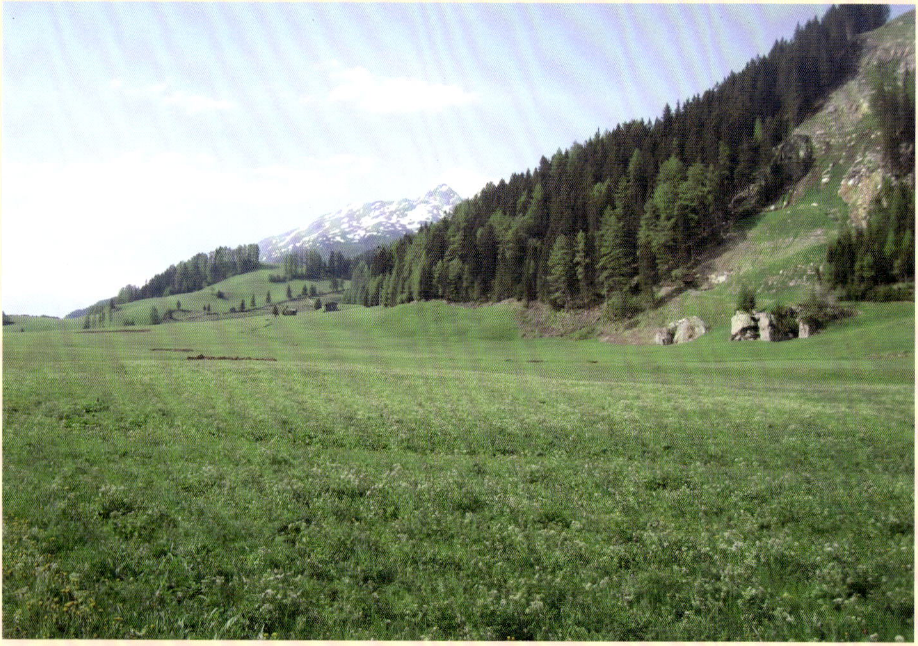

Auf der Passhöhe am Reschen verläuft der Radweg durch saftig grüne Wiesen.

um 1200. 1943–1951 Freilegung einer gotischen Ausmalung und darunterliegend eines romanischen Freskenzyklus. In der Apsis Christus in der Mandorla und Evangeliumssymbole, darunter Brustbilder der Zwölf Apostel aus dem 12. Jahrhundert. An der Triumphbogenwand und der nördlichen Schiffwand Malereien um 1500. Schlüssel sind im Haus nebenan bei Herrn Jennewein zu holen (täglich geöffnet).

Nützliche Adressen

Tourist-Info

Tourist-Info Nauders
Dr. Tschiggfrey Str. 66
6543 Nauders
Tel.: +43 54 73 87 220
E-Mail: office@nauders.info
www.nauders.com

Apotheke

Hausapotheke bei Dr. Öttl
Gemeindehaus
6543 Nauders
Tel.: +43 5473 87500

Bike-Shop

Auto & Bikesport Hutter
Bundesstr. 260
6543 Nauders
Tel.: +43 5473 87435
www.bikesport-hutter.at

Hotels

Hotel Post Nauders
Doktor-Tschiggfrey-Str. 37
6543 Nauders
Tel.: + 43 5473 87202-0
E-Mail: info@post-nauders.com
www.post-nauders.com

Hotel Hochland Nauders
Doktor-Tschiggfrey-Str. 183
6543 Nauders
Tel.: +43 5473 86222
E-Mail: hotel@hochland.at
www.hochland.at

Pension Alpenhof
Nauders 229
6543 Nauders
Tel.: +43 5473 87263
E-Mail: urlaub@alpenhof-nauders.at
www.alpenhof-nauders.at

Hotel Bergblick
Nauders 302
6543 Nauders
Tel.: +43 5473 87311
E-Mail: info@hotel-bergblick.at
www.hotel-bergblick.at

Alpin Art & Spa Hotel Naudererhof
Karl-Blaas-Gasse 160
6543 Nauders
Tel.: +43 5473 87704
E-Mail: info@naudererhof.at
www.naudererhof.at

Essen & Trinken

Restaurant-Café Alt Nauders
Dr.-Tschiggfrey-Str. 28
6543 Nauders
Tel.: +43 5473 87620
E-Mail: altnauders@aon.at

Restaurant Stadlwirt
Oberdorf 132
6543 Nauders
Telefon +43 5473 87710
E-Mail: lutz@stadlwirt.at

Alpengasthof Norbertshöhe
Martinsbruckerstr. 223
6543 Nauders
Tel.: +43 5473 87241
E-Mail:
norbertshoehe.hotel@tirol.com

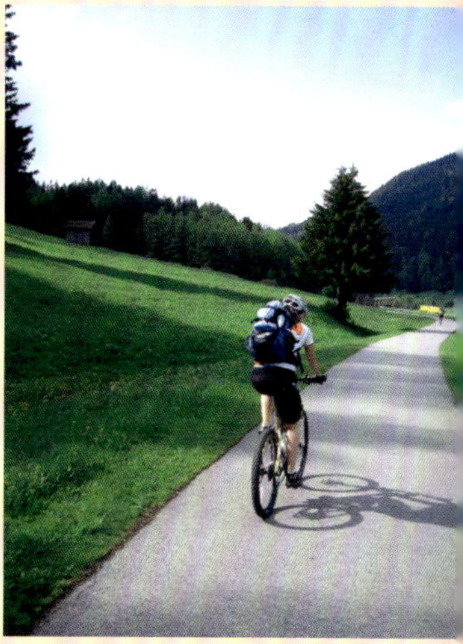

Von Nauders ist es nicht mehr weit bis zum Reschensee.

Glurns

Das beschauliche Städtchen Glurns hat gerade mal 900 Einwohner aufzuweisen. Dennoch ist es eine von nur insgesamt acht Städten in Südtirol. Ein besonderes Merkmal der kleinen Stadt ist die vollständig erhaltene mittelalterliche Stadtmauer.

Die Gründung durch den Tiroler Landesfürsten Meinhard II. liegt bereits mehr als 700 Jahre zurück, so ist Glurns nicht nur die kleinste, sondern zugleich älteste Stadt Südtirols. Diese Beschaulichkeit und das mittelalterliche Flair verleihen der Stadt einen ganz besonderen Charme. Auch seinen ländlichen Charakter hat das Städtchen bis heute nicht verloren. Auf dem alten Marktplatz herrscht oft reges Treiben, wenn die Händler lautstark ihre Waren anpreisen.

Seinen Stellenwert verdankt Glurns ursprünglich seinem Markt-

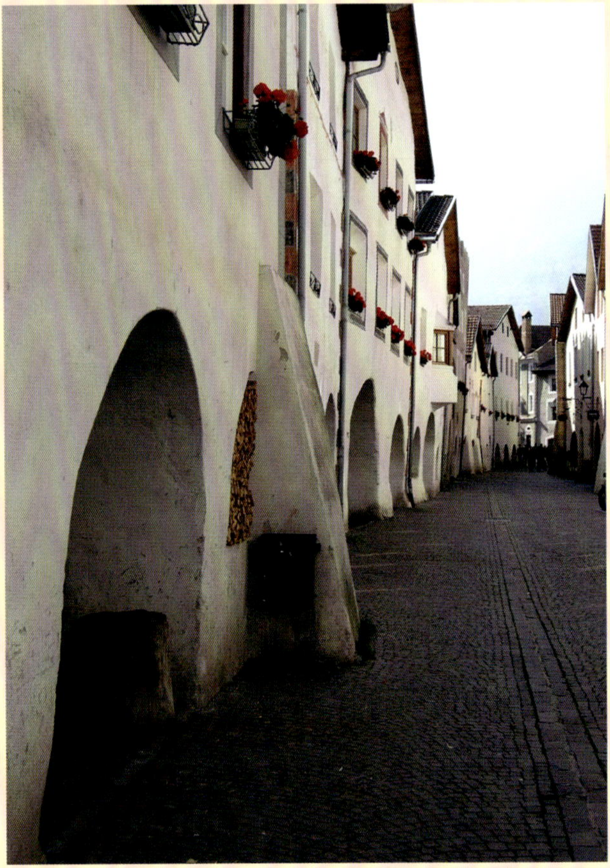

Immer eine Pause wert – das malerische Städtchen Glurns.

recht und seiner geografischen Lage. Glurns war von jeher wichtiger Handelsknotenpunkt im Alpenraum. Die bekannte Via Claudia Augusta führte hier vorbei und auch der Reschenpass nach Nordtirol, der Ofenpass in die Schweiz und das Stilfser Joch sind von hier aus schnell zu erreichen. Seit den 70er-Jahren lockt das Städtchen mehr und mehr Besucher an, die sich für seine Geschichte interessieren, Erholung suchen oder die traumhafte Umgebung für Wanderungen und Bike-Touren nutzen wollen.

Nützliche Adressen

Tourist-Info

Touristinfo Glurns
Rathausplatz 1
39020 Glurns
Tel.: +39 04 73 83 10 97
E-Mail: info@glurns.net
www.glurns.net

Essen & Trinken
Restaurant Pizzeria Erika
Florastr. 39
39020 Glurns
Tel.: +39 0473 835262

Café Konditorei Eisdiele Riedl
Malser Str. 9
39020 Glurns
Tel.: +39 0473 831348

Stadtcafé
Florastr. 8
39020 Glurns
Tel.: +39 0473 830033

Würstelstand Gerlinde Bayer
Etschdammweg
39020 Glurns
Tel. +39 0473 830201

Hotel Restaurant Grüner Baum
Stadtplatz 7
39020 Glurns
Tel.: +39 0473 831206

Prad

Prad liegt im Herzen des Stilfser Joch Nationalparks im oberen Vinschgau. In dem besonders bei Wanderern, Radfahrern und Familien beliebten, lebendigen kleinen Dorf verbinden sich Modernes und Althergebrachtes auf harmonische Art und Weise. Der Ortskern lädt zu einem Einkaufsbummel durch kleine Läden über nostalgisches Kopfsteinpflaster vorbei an bäuerlichen Hinterhöfen ein. Die Fassaden vieler Häuser stammen aus dem 16. Jahrhundert und sind es wert, näher betrachtet zu werden. Ein Ausflug in den Nationalpark Stilfser Joch gewährt Einblick in die hochalpine Berg- und Tierwelt.

Besonders Radfahrern ist die Stilfser-Joch-Straße ein Begriff. In 49 Kehren schlängelt sie sich zum höchsten Alpenpass bis auf 2757 m hinauf. Die Passstraße verbindet die Lombardei mit Südtirol und wird jedes Jahr im Spätsommer einen Tag für Autos, Motorräder und LKWs gesperrt und gehört dann ganz uns Radfahrern!

Nationalpark Stilfser Joch

Mit rund 130 000 ha ist der Nationalpark Stilfser Joch eines der größten Schutzgebiete Europas für alpine Wildtiere wie Hirsche, Steinböcke, Gämsen, Murmeltiere, Hasen, Dachse, Bussarde, Sperber, Eulen, Steinadler und sogar Braunbären. Das Gebirgsmassiv Ortler-Cevedale mit seinen Nebentälern bildet das Herzstück des 1935 gegründeten Nationalparks, als dessen Wappentier seit jeher der Steinadler fungiert.

Im Norden wird der Nationalpark begrenzt durch Münstertal und Vinschgau, im Osten durch das Ultental, im Süden durch Val di Sole und Valle Camonica, im Westen durch Veltin und Val di Livigno.

Der Nationalpark Stilfser Joch weist alle alpinen Formenelemente auf: vergletschertes Hochgebirge, Almen, Hangterrassen und saftige Wiesen auf den Talböden (weitere Infos: www.stelviopark.bz.it/nationalpark).

Nützliche Adressen

Apotheken

Dr. Hartmann Köfler
Kreuzweg 2a
39026 Prad
Tel.: +39 0473 616144

Apotheke Gadria
Vinschgaustr. 39
39023 Laas
Tel: +39 473 626398

Apotheke Sonnenberg
Hauptplatz 12
39021 Latsch
Tel.: +39 0473 623310

Bike-Shops

Baldi Sport
Reutweg 19
39026 Prad
Tel.: +39 0473 617071

2-Rad Ortler
Gewerbezone 136
39026 Prad
Tel.: +39 0473 616495

Maxx Bike Eldorado
Hauptstr. 65a
39021 Latsch
Tel.: +39 0473 720077
www.maxx-bike-eldorado.com

Hotels

Residence St.Johann
St. Johannstr. 7
39026 Prad
Tel.: +39 0473 616058
www.st.johann.it

Aktiv- & Wellnesshotel Zentral
Zentrum 48
39026 Prad
Tel.: +39 0473616008
www.zentral.it

Essen & Trinken

Gasthof Zur Neuen Post
Via Principale 36
39026 Prad
Tel.: +39 0473 616062

Gasthof St. Georg
Agums 36a
39026 Prad
Tel.: +39 0473 617057

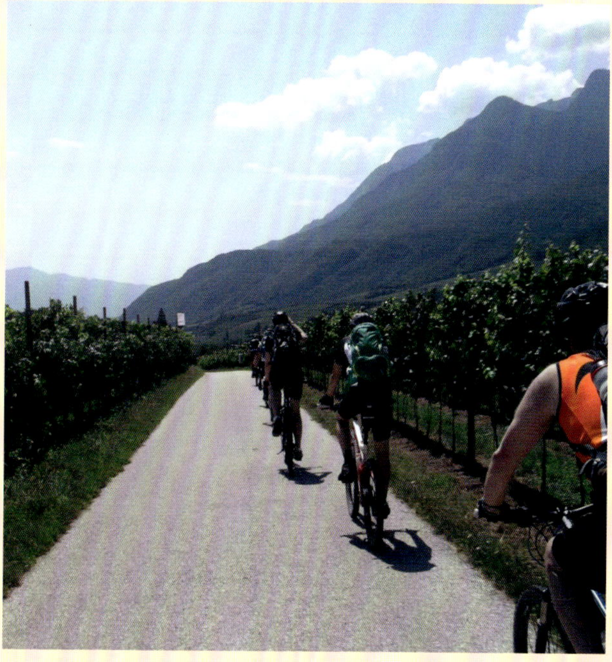

Auf dem Radweg durch die Apfelplantagen rollt es leicht dahin.

4 Apfelplantagen soweit das Auge reicht – von Prad nach Meran

Panorama ○○○○○

Höhenunterschied
ca. 100 hm

Tourlänge
ca. 50 km

Ausgangs-/Endpunkt: Prad (ca. 920 m)/Meran (ca. 310 m)

Ausdauer: Diese Etappe ist zum Erholen gedacht und hält daher keine großen Anstrengungen bereit.

Wegbeschaffenheit: Bis auf ein kurzes Stück bei Schlanders (Schotter) verläuft die Route komplett auf asphaltierter Radroute.

▽ **Kinderanhänger:** Auffahrt zu Schloss Juval auf jeden Fall zu Fuß angehen ***(Variante 1)***

höchster Punkt: Prad (ca. 920 m)

Variante:
1 Abstecher zu Schloss Juval (besser zu Fuß)

Einkehrtipps: diverse Cafés/Eisdielen in Laas, Restaurant Fischerstube am Fischteich bei Kortsch

Kartentipps: KOMPASS 52 – Vinschgau; KOMPASS 53 – Meran und Umgebung

Unser vierter Tag führt uns durchs Vinschgau in die heimliche Hauptstadt Südtirols – nach Meran. Heute heißt es, gen Süden rollen, relaxen und vor allem das mediterrane Flair genießen.

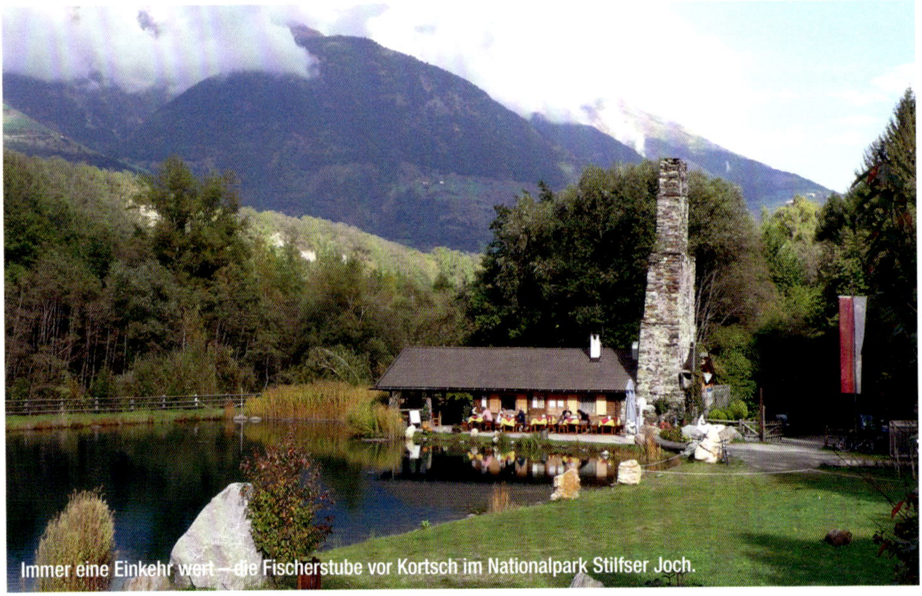

Immer eine Einkehr wert – die Fischerstube vor Kortsch im Nationalpark Stilfser Joch.

Heute ist unser „Erholungstag". Dementsprechend lassen wir es ganz gemütlich angehen und konzentrieren uns aufs Genießen und auf zwei kulturelle Highlights: Schloss Juval bei Naturns und natürlich unseren Etappenort Meran. Wenn wir gut voran kommen, sind wir bereits am frühen Nachmittag in Meran und haben ausreichend Zeit für Sightseeing und Shopping. Denn Meran ist es wirklich wert, dass man sich einen halben Tag Zeit nimmt.

Von Prad aus kann man das Vinschgau auch mit der Vinschger Bahn durchqueren. Die Panoramabahn verkehrt zwischen Prad und Meran und fährt fast immer parallel zum Etschtalradweg. Wer will, kann also immer wieder mal ein Stückchen mit der Bahn durchs Vinschgau fahren und etwas „abkürzen" (weitere Infos unter: www.vinschgauerbahn.it).

Nachdem wir Prad und den Naturpark Stilfser Joch und die Fischteiche nach Laas hinter uns gelassen haben, heißt es nun endgültig: Apfelplantagen soweit das Auge reicht. Auf guter Piste mit „schnellem" Asphalt genießen wir es, zügig an der Etsch entlang gen Süden zu rollen. Durch die Ortschaften Kastelbell, Naturns und Plaus radeln wir auf Meran zu.

Kurz vor Naturns haben wir noch die Möglichkeit, Schloss Juval, Museum und Wohnsitz Reinhold Messners, zu bestaunen und evt. sogar einen Abstecher einzubauen (Variante 1). Der Weg zum Schloss ist vom Radweg aus gut und eindeutig beschildert. Da es zum Schloss in

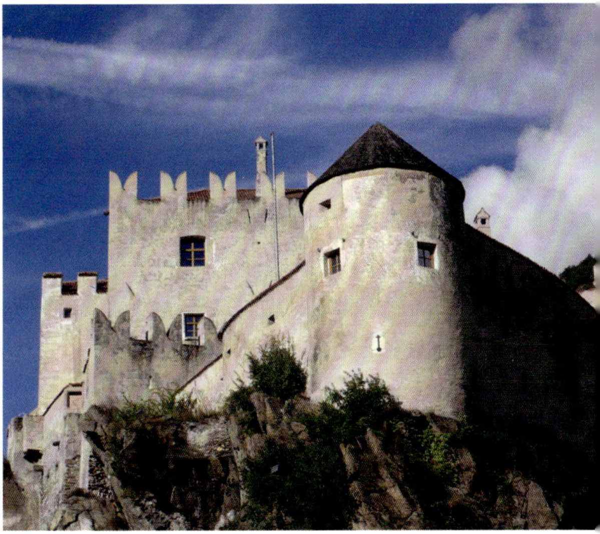

Mächtig erhebt sich Kastelbell links von uns direkt an der Radroute.

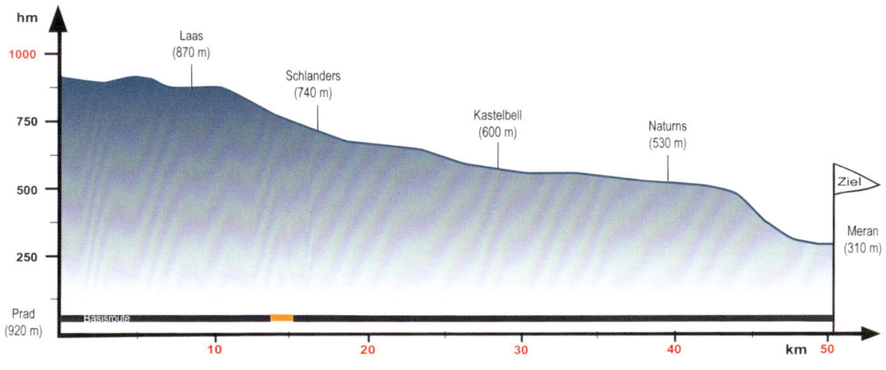

schwarz = Asphalt orange = Forst-/Schotterweg grün = Trail

SEHENSWÜRDIGKEITEN

Schloss Juval

Die Burg wurde 1278 von Hugo von Montalban erbaut und ist seit 1983 Wohnsitz Reinhold Messners. Das Museum auf Schloss Juval ist dem Mythos Berg gewidmet. Reinhold Messner hat hier mehrere Kunstsammlungen untergebracht: Tibetika-Sammlung, Galerie mit Bildern der Heiligen Berge der Welt, Maskensammlung aus fünf Kontinenten, Ausstellung zu Gesar Ling, einen Tantra-Raum und einen Expeditionskeller. Außerdem gibt es einen kleinen Bergtierpark, im Schlosswirt hofeigene Produkte, im Unterortl exzellente Weine und am Fuß des Burghügels einen Bauernladen. Das Schloss ist zu Fuß vom Parkplatz Juval an der Vinschgauer Staatsstraße gut zu erreichen (Gehzeit ca. 1 Stunde).

Weinreben und Palmen bieten ein besonderes Radl-Flair.

steilen Kehren hinauf geht, empfiehlt es sich, die Räder unten stehen zu lassen und diesen Abstecher zu Fuß anzugehen (dies sei insbesondere Radfahrern mit Kinderanhänger geraten).

Weiter geht es auf dem Etschtalradweg und schon bald erreichen wir den sogenannten Meraner Stuhl bei Algund – ein Aussichtsplateu, von dem aus man einen herrlichen Blick über Meran hat. Durch einen Laubengang rollen wir vor bis zum „Stuhl“ und lassen es uns natürlich nicht nehmen, diesen Moment durch ein Foto zu verewigen.

Noch rund 5 km und 200 hm bergab, dann haben wir unser Etappenziel erreicht. Jetzt liegt ein herrlicher Nachmittag vor uns, den wir in vollen Zügen genießen. Denn Meran, die heimliche Hauptstadt Südtirols, hat wirklich einiges zu bieten!

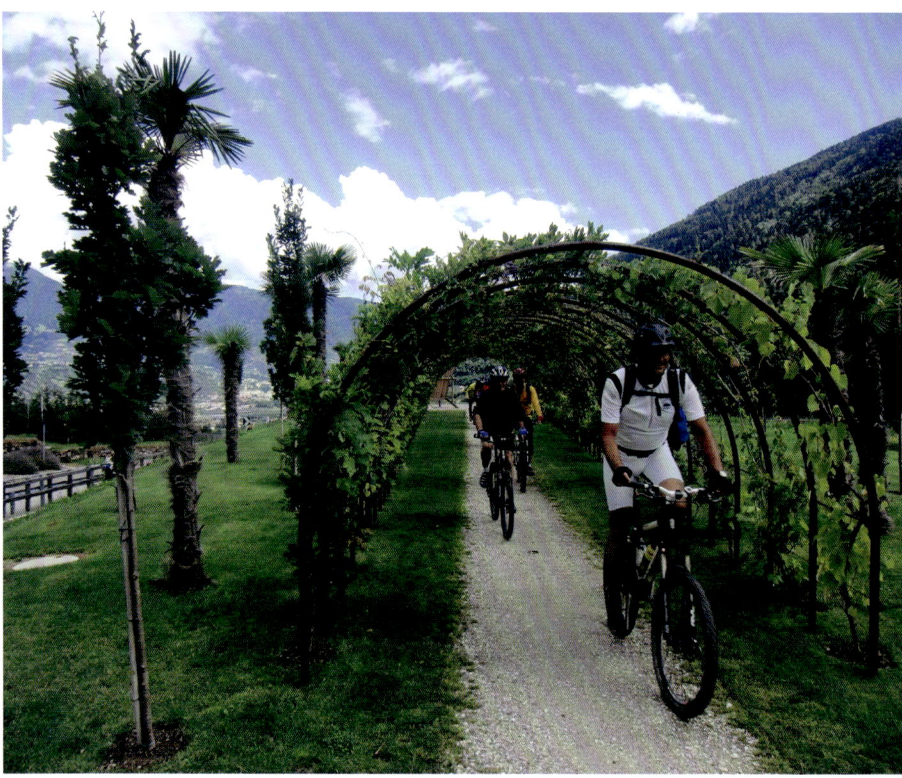

Etappenorte

Meran

Die traditionsreiche Kurstadt Meran zeichnet sich vor allem durch das milde und mediterrane Klima aus. Nirgendwo in den Alpen gibt es im Jahresdurchschnitt weniger Niederschlag und mehr Sonnentage. Bekannt ist auch der „Vinschger Wind", der durch das Tal weht. Je nach Temperaturschwankungen im Tages- und Jahresverlauf müssen Biker schon mal mit Fallwinden und damit mit strammem Gegenwind im Tal rechnen.

Mild und mediterran wird es, sobald wir über die Talstufe der Töll das Etschtal erreichen. Meran wird durch die hohen Berge vor den kalten Nordwinden geschützt. Die zweitgrößte Stadt Südtirols liegt in einem weiten, sonnigen Talkessel, der sich nach Süden hin öffnet.

Meran ist seit jeher ein beliebter Erholungsort. Dass sich die Menschen hier schon vor vielen Jahrhunderten gerne niederließen, bezeugen die vielen Burgen und herrschaftlichen Anwesen.

Der Aufstieg zur weltberühmten Kurstadt begann in der zweiten Hälfte des 19. Jahrhunderts als ein Wiener Arzt, Dr. Josef Huber, einen Aufsatz über den Heilwert des Klimas und der Trauben in Meran veröffentlichte. Die älteste Kurstadt Südtirols war geboren und von nun an gab sich die feine Gesellschaft die Klinke in die Hand, Meran stieg auf zu einer kosmopolitischen Edelstadt: Neue Ansitze, Schlösser und prunkvolle Hotels wurden gebaut, Spazierwege und Promenaden, wie der berühmte Tappeiner-Weg vorbei an Kakteen und anderen exotischen Gewächsen erschlossen. Spätestens seit den Besuchen der Kaiserin Sissi war der Aufstieg zur Tourismushochburg nicht mehr aufzuhalten. So gilt Meran bis heute als der bedeutendste Kurort an der Südseite der Alpen.

In den letzten 30 Jahren wurde Meran rundum erneuert, die berühmte Therme renoviert und umgebaut, einige der prunkvollen Hotels von anno dazumal wieder hergerichtet, die Gärten von Schloss Trauttmannsdorf ausgebaut zu den schönsten Gartenanlagen Italiens mit Pflanzen und Blumen aus aller Herren Länder.

Die mondäne Stadt bietet ein ganz besonderes Flair und eine reiche Infrastruktur, um einen aktiven Tag im Sattel auf angenehme Art abklingen zu lassen: Biker und Wellness-Hotels aller Preisklassen, Restaurants und Bars für jeden Geschmack sowie eine Vielzahl an Läden und Boutiquen.

Mittelalterliche Gassen, Stadttore und Stadtmauern, elegante Villen im Jugendstil, Kirchen und sakrale Bauten, Gärten und Parkanlagen in unterschiedlichsten Stilarten: das ist die Altstadt von Meran. Die mittelalterliche Altstadt umfasst die Laubengasse, die den Kornplatz mit dem Pfarrplatz verbindet, das Steinachviertel, die Leonardo-da-Vinci-Straße, den Rennweg und die drei noch erhaltenen Stadttore. Von den vier Stadttoren, die einst den Zugang in die Stadt ermöglichten, sind das Passeirer, Bozner und Vinschger Tor erhalten. Beim Passeirer Tor sind noch Reste der alten Stadtmauer zu sehen. Das Bozner Turm-Tor mit seinem steilen Dach zieren Relief-Wappen von Österreich, Tirol und Meran. Zum Stadtkern, großteils Fußgängerzone, gehören heute auch die Freiheitsstraße, der Theater- und Sandplatz und die Post- und Theaterbrücke.

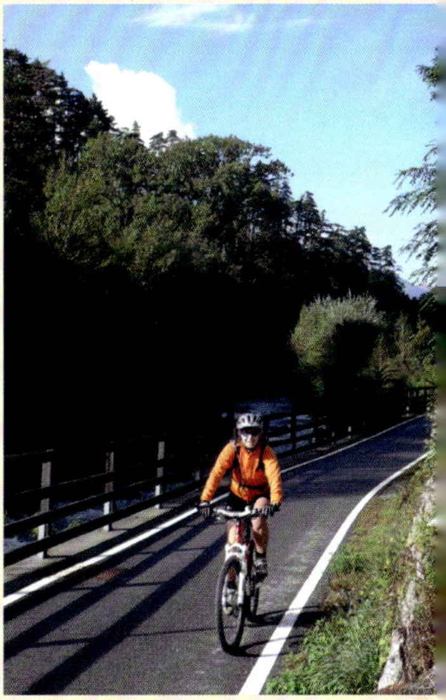

An der Etsch entlang rollen wir zügig auf Meran zu.

Laubengasse und Kornplatz

Die Laubengasse ist ein alter, sehr gepflegter Stadtteil von Meran. Sie wurde im 13. Jahrhundert von Meinhard II., Graf von Tirol, erbaut. Sie besteht aus einer zweireihigen „Häuserflut" mit niedrigen Laubengängen. Diese beginnt am Pfarrplatz und endet nach ca. 400 m am Kornplatz. Ihre verwinkelten Hinterhöfe und die verwinkelten Treppenaufgänge sind ineinander verschachtelt und durch finstere Durchgänge verbunden. Die Fassaden aus verschiedenen Stilepochen sind von zierlichen Erkern und zahlreichen Torbögen geschmückt.

Schon im Mittelalter war die Laubengasse die „Lebensader" der Meraner Geschäftsleute. Im Gebäude der heutigen Buchhandlung Pötzelberger, am oberen Ende der Lauben, befand sich zwischen dem 13. und dem 14. Jahrhundert die Münzstätte: Motor des Handels der gesamten Grafschaft Tirol. Auch heute noch ist die Laubengasse die Hauptgeschäftsstraße Merans. Am unteren Ende der Laubengasse liegt der Kornplatz, der einstige Markt- und Lagerplatz.

Stadtviertel Steinach

Zwischen der Pfarrkirche, dem Passeirer Tor und dem rechten Passerufer liegt dieser malerische Stadtteil, der zu Zeiten der Grafen von Tirol Stadtkern war. Im 13. Jahrhundert wurde hier mit dem Stadtbau begonnen. Viele der gut erhaltenen Bauten erinnern noch heute an den ursprünglichen Charakter der Stadt, besonders in der Nähe der „Santer Klause" beim Passeirer Tor. Der Steinerne Steg (irrtümlich oft „Römerbrücke" genannt), im 17. Jahrhundert an Stelle eines Holzstegs errichtet, verbindet Steinach und damit die Altstadt mit der Gilfpromenade und mit dem Stadtteil Obermais. Dies ist die älteste Brücke über die Passer.

Pferderennplatz

Er zählt zu den schönsten und größten Pferdesportanlagen Europas und wurde im Jahre 1935 auf einem 40 Hektar großen Areal nach nur einjähriger Bauzeit eröffnet. Die Tribünen bieten Platz für 15 000 Personen. Noch heute werden hier internationale Pferderennen ausgetragen. Höhepunkt der Rennsaison bilden das Haflinger Galoppreiten am Ostermontag und der große Preis von Meran, ein hochdotiertes Hindernisrennen am letzten Sonntag im September.

Kurhaus

Das kuppelgekrönte Gebäude mit dem im Jahre 1914 eröffneten Kursaal zählt zu den schönsten Jugendstilbauten des Alpenraumes. Das Kurhaus wurde von dem Wiener Architekten Friedrich Ohmann entworfen. Das mitten im Stadtzentrum gelegene Haus wurde aufwendig und stilgerecht renoviert. Die Nordfassade flankiert die Freiheitsstraße, die Südfassade schaut auf die Kurpromenade. Heute ist das Haus Sitz der Kurverwaltung sowie Kongress- und Veranstaltungszentrum.

Therme Meran

Die Therme bietet Badespaß mit 25 Pools und einem vielfältigen Kur-, Wellness- und Fitnessangebot. Die im Dezember 2005 eröffnete Anlage wird aus tiefen, heißen Thermalquellen gespeist. Saunafreunde kommen in einer finnischen Blockhaussauna, drei Dampfbädern, einem Sanarium und einem Caldarium voll auf ihre Kosten. Entworfen hat die Therme der aus Bozen stammende Stararchitekt Matteo Thun (geöffnet täglich von 9:00 bis 22:00 Uhr).

Als grünes Herz der Therme bietet der 50.000 m² große Thermenpark mit Palmen- und Rosengarten, Pools, Sport- und Liegewiesen Erholung und Entspannung (zwischen 15. Mai und Ende September täglich von 9:00 bis 20:00 Uhr geöffnet). Weitere Informationen unter: www.thermemeran.it

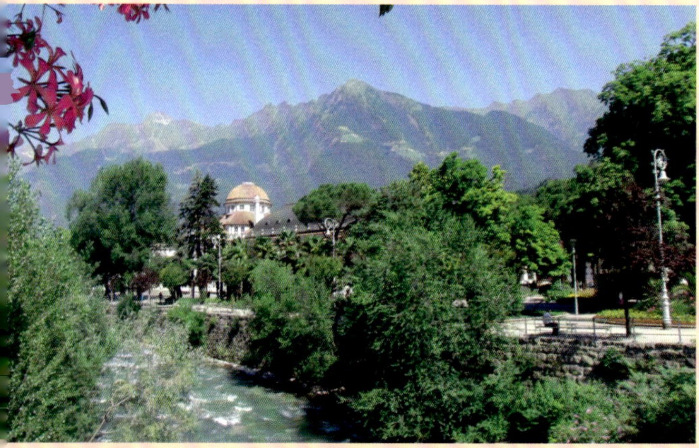

Die Passerpromenade in Meran lädt zum Spazieren und Träumen ein.

Nützliche Adressen

Tourist-Info

Touristinfo Meran
Freiheitsstr. 45
39012 Meran
Tel.: +39 0473 272000
www.meran.eu

Apotheken

Madonna
Freiheitsstr. 123
39012 Meran
Tel.: +39 0473 449552

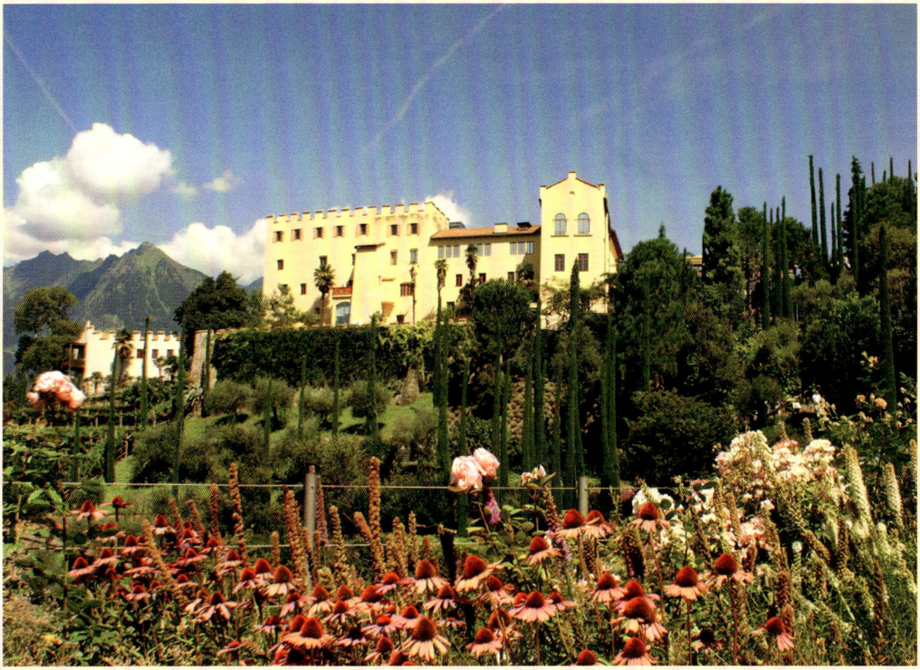

Schloss Trauttmannsdorf bei Meran ist eine Reise wert.

Zentral
Mühlgraben 6
39012 Meran
Tel.: +39 0473 236826

Bike-Shop

Bike Point GmbH
Lauben 337
39012 Meran
Tel.: +39 0473 23 77 33
bikepoint@dnet.it

Essen & Trinken

Restaurant Bistro Sieben
Lauben 232
39012 Meran
Tel.: +39 0473 210636

Lemongrass
Dantestr. 79
39012 Meran
Tel.: +39 0473 490770

Restaurant Hellweger's
Pfarrplatz 30
39012 Meran
Tel.: +39 0473 212581

Restaurant Kallmünz
Sandplatz 12
39012 Meran
Tel.: +39 0473 212 917

Rossini Cocktailbar Café
Freiheitsstr. 19
39012 Meran
Tel.: +39 0473 491085

Hotels

Hotel Residence Flora
Via XXX Aprile 2
39012 Meran
Tel.: +39 0473 448 335
E-Mail: info@merano-flora.it
www.merano-flora.it

City Hotel Merano
Meinhardstr. 41
39012 Meran
Tel.: +39 0473 492550
E-Mail: info@cityhotel-merano.it
www.cityhotel-merano.it

Sporthotel Muchele
Maiergasse 1
39014 Burgstall bei Meran
Tel.: +39 0473 29 11 35
E-Mail: info@muchele.com
www.muchele.com

Schulerhof
Gröbenweg 6
39025 Plaus/Naturns bei Meran
Tel.: +39 0473 660096
E-Mail: info@schulerhof.it
www.schulerhof.it

5 Durch Südtirols Süden in die Stadt der Fürstbischöfe – von Meran nach Trento

Panorama

Höhenunterschied ca. 200 hm

Tourlänge ca. 92 km

Ausgangs-/Endpunkt: Meran (ca. 310 m)/Trento (ca. 200 m)

Ausdauer: Diese Etappe hat zwar relativ wenig Höhenmeter aufzuweisen, ist dafür aber recht lang. Daher sollte man eine gute Grundlagenausdauer mitbringen. Wer sich für die ***Variante*** über Tramin entscheidet, sollte über eine gute Kondition verfügen, um die zusätzlichen Höhen- und Kilometer gut und zügig zurücklegen zu können.

Wegbeschaffenheit: ***Basisroute*** komplett auf Asphalt; Route nach Tramin – bis auf eine kurze Schotterpassage im Wald – ebenfalls auf asphaltierten Wegen ***(Variante 1)***

▽ **Kinderanhänger:** kurze Schiebepassage im Wald vor den Montiggler Seen ***(Variante 1)***

höchster Punkt: Meran (ca. 310 m)/Anhöhe im Wald vor Montiggler Seen (ca. 580 m)

Variante:
1 Route über Montiggler Seen und Kalterer See nach Tramin (ca. 550 hm; ca. 57 km)

Einkehrtipps: ***Basisroute:*** diverse Einkehrmöglichkeiten in den Orten entlang der Strecke oder in Bozen (Abstecher); ***Variante 1:*** Kathis Jause vor Nals; Stamser Hof und Schwarzer Adler in Andrian; Schloss Korb; Jausenstation am kleinen Montiggler See; diverse Cafés/Restaurants am Kalterer See und in Tramin

Kartentipps: KOMPASS 53 – Meran und Umgebung; KOMPASS 74 – Südtirols Süden; KOMPASS 75 – Valsugana, Trento, Piné, Levico, Lavarone

An unserem fünften Etappentag biken wir durchs Etschtal und genießen das Flair von Südtirols Süden. Wir radeln vorbei an den kilometerlangen Weingärten und Apfelplantagen, die die „Südtiroler Weinstraße" säumen.

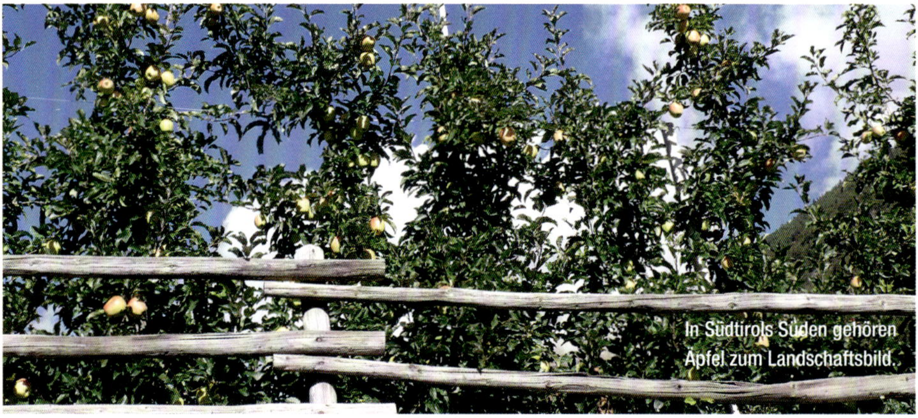

In Südtirols Süden gehören Äpfel zum Landschaftsbild.

Heute haben wir eine lange Etappe vor uns, die uns an der Etsch entlang über Bozen nach Trento, in die Hauptstadt des Trentino und der autonomen Region Trentino-Südtirol führt. Von Meran aus folgen wir stets dem Etschtalradweg und genießen das mediterrane Flair der Etschebene. Weil am frühen Nachmittag in der Regel ein starker Gegenwind das Etschtal hinauf weht, sollten wir zeitig starten, da das Radeln auf dem Etschtalradweg sonst recht anstrengend werden kann.

Nach etwa 30 km haben wir Bozen erreicht. Hier bietet sich ein Abstecher in die Altstadt der Südtiroler Landeshauptstadt an oder zu Burg Sigmundskron. Denn das Messner Mountain Museum Firmian, das hier seinen Sitz hat, ist wirklich sehenswert.

Bis nach Trento, unserem Etappenziel, sind es jetzt zwar noch etwas mehr als 60 km, aber am Ufer der Etsch legen wir diese auf dem gut ausgebauten Radweg zügig zurück.

Entweder bleiben wir wie oben beschrieben auf der Basisroute oder wir entscheiden uns bereits in Meran für die anspruchsvollere Route (Variante 1) über Andrian, die Burgen Hocheppan, die Montiggler Seen und den Kalterer See ins Weindorf Tramin. Diese Alternativroute hat zwar einiges mehr an Höhen- und Kilometern aufzuweisen, ist aber fahrtechnisch nicht schwierig und für trainierte Trekking- und Tourenradfahrer ebenso gut machbar wie für Radfahrer mit Kinderanhänger.

Für die Variante fahren wir über Lana und Nals durch die Apfelplantagen und das Biotop am Krebsbach auf der Südtiroler Weinstraße

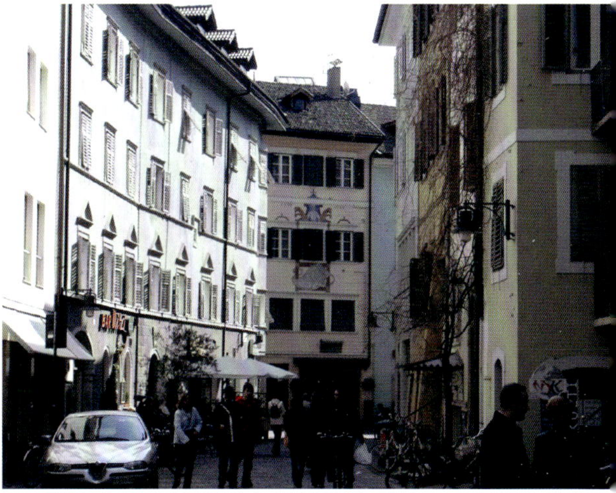

Lädt zum Bummeln ein – die Südtiroler Landeshauptstadt Bozen.

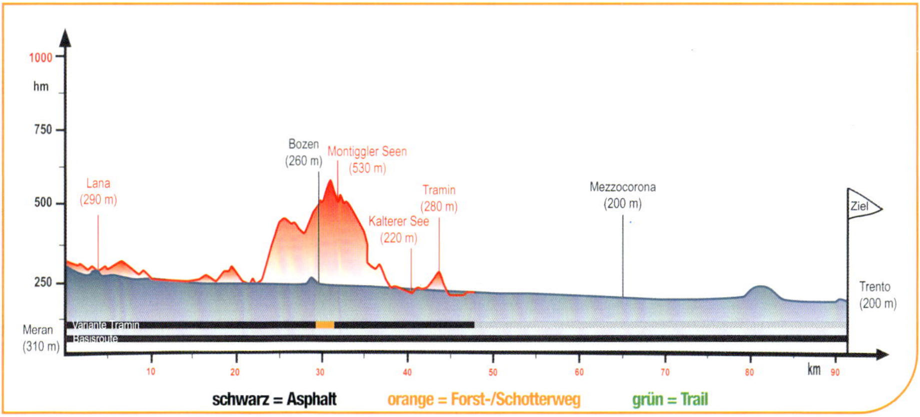

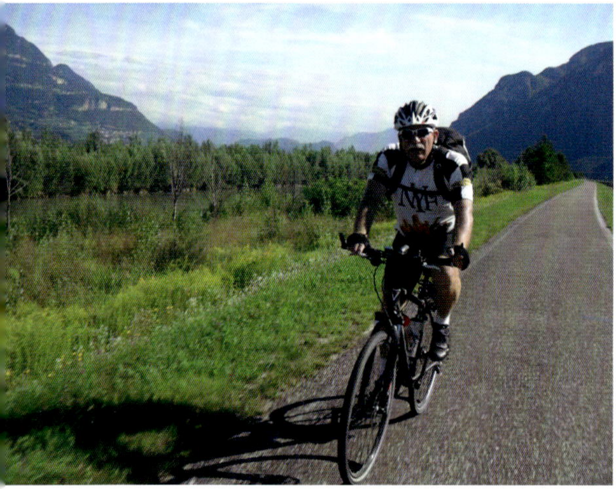

Auf dem Etschtalradweg fahren wir gemütlich gen Trento.

nach Andrian. Nun geht es bergauf über Missian zu den Burgen Hocheppan. Schloss Korb bietet sich an, um eine Pause einzulegen und den Blick auf Bozen zu genießen.

Weiter geht es auf kleinen Straßen Richtung Montiggl und schließlich durch den Wald hinauf zu den Montiggler Seen. Wenn wir in den Wald abzweigen, müssen wir unsere Räder ein kurzes Stück bergauf schieben, da der Weg grob schottrig und uneben ist. Aber schon bald erreichen wir wieder eine gute Forstpiste, die uns zu den Seen führt. Haben wir die beiden Montiggler Seen hinter uns gelassen, liegt auch schon der Kalterer See vor uns. Alle drei Seen bieten uns zahlreiche Möglichkeiten, zum Baden, Relaxen und Schlemmen.

Vom Kalterer See ist es nicht mehr weit bis ins kleine Südtiroler Weindorf Tramin, weltbekannt für seinen Gewürztraminer. Aber auch andere Weine aus der genossenschaftlichen Kellerei Tramin sind hochprämiert und genießen sozusagen „Weltruhm“. Von Tramin aus führt uns die ausgeschilderte Radroute wieder hinunter auf den Radweg gen Trento und damit auf die Basisroute.

SEHENSWÜRDIGKEITEN

Burgen und Schlösser Eppan

Südtirol ist nicht nur Wein- und Apfelland, sondern mit mehr als 180 Ansitzen, Burgen und Schlössern auch eine der burgenreichsten Regionen Europas. Auf unserer Tour streifen wir Schloss Korb, die Schlossruine Boymont und Burg Hocheppan. Schloss Korb ist bis heute sehr gut erhalten und komplett bewohnt. Teile der Anlagen wurden bereits 1236 errichtet und im 19. Jahrhundert im Stile der Burgenromantik jener Zeit erweitert. Gekuppelte Rundbogenfenster mit runder Trennungssäule sowie steingerahmte Viereck- und Rundbogentüren bezeugen dies. Seit 1918 ist Schloss Eppan der Stammsitz der Familie Dellago. Heute wird es als Luxushotel, landwirtschaftlicher Betrieb und Restaurant genutzt.

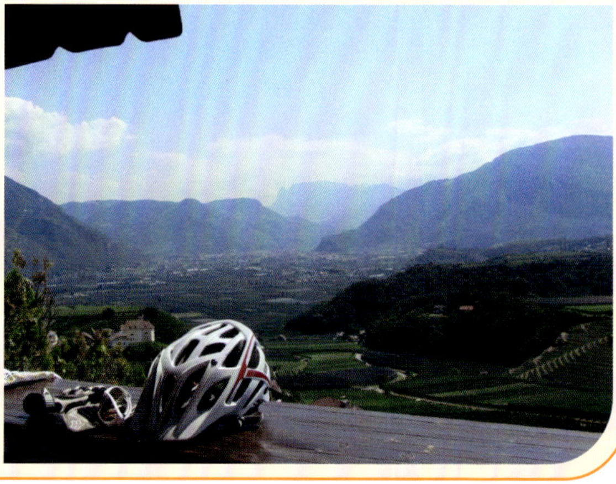

Von Schloss Korb genießen wir den Blick auf Bozen und die Dolomiten.

Etappenorte

Bozen

Bozen ist die Hauptstadt Südtirols und trägt offiziell den Namen „Autonome Provinz Bozen". Hier in der Stadt befindet sich auch der Sitz der Landesregierung und die meisten Ämter der Autonomieverwaltung. Bozen hat etwa 105 000 Einwohner. Von diesen sprechen etwa 26 % Deutsch, 73 % Italienisch und 1 % Ladinisch als Muttersprache. Zurecht trägt Bozen daher den Namen „Stadt der tausend Dialekte" und bietet einen interessanten Einblick in die Ausdrucksweise der Einwohner Südtirols. Auch die fünf Stadtteile präsentieren in ihrer Vielfalt eine kleine, aber sehr facettenreiche „Stadt von Welt".

In der Zeit des Faschismus nach dem Ersten Weltkrieg wurden viele Italiener aus dem Süden Italiens in Bozen eingebürgert, während Einwohner deutscher Muttersprache ins benachbarte Österreich oder nach Deutschland auswanderten. Aufgrund dieser „Italienisierung" leben in Bozen heute zum Großteil Bürger italienischer Muttersprache.

Die wechselvolle Geschichte Bozens lässt sich auch an den architektonischen Stilen ablesen: Das mittelalterliche Zentrum, der Jugendstil der endenden K&K-Monarchie und der Neoklassizismus der Mussolini-Diktatur wechseln sich mit modernen Fassaden ab. Daneben laden romantische Gassen, Märkte und das rege Treiben auf den Plätzen zum Verweilen und Bummeln ein. Außerdem ist Bozen eine sehr fahrradfreundliche Stadt, die sich durch ein vorbildliches Radwegnetz auszeichnet.

Altstadt

Die erste Siedlung im Bozner Talkessel entstand bereits im 12. und 13. Jahrhundert und befand sich in der Nähe des heutigen Domes. Heute ist das historische Zentrum ein beliebter Ort, der mit seinen Laubengassen, Cafés, Restaurants und Geschäften zum Bummeln einlädt. Die Einkaufspassage mit ihren alten Rundbögen ist nur für Fußgänger zugänglich. Am westlichen Ende lockt der Obstmarkt das ganze Jahr über mit frischem Gemüse, Obst und Blumen.

Waltherplatz

Die Statue des Minnesängers Walther von der Vogelweide steht mitten auf einem Brunnen auf dem Waltherplatz. Sie wurde vom Vinschger Künstler Heinrich Natter im Jahre 1889 gestaltet und besteht aus reinem weißen Laaser Marmor. Die Faschisten veranlassten im Jahr 1935 die Verlegung der Statue in den Roseggerpark. Erst im Jahr 1985 wurde die Statue wieder an ihren ursprünglichen Platz zurückgestellt.

Südtiroler Archäologiemuseum

Wer Ötzi besuchen möchte, dem sei das Südtiroler Archäologiemuseum ans Herz gelegt, das auch neben der Ausstellung „Ötzi – der Mann aus dem Eis" viel Sehenswertes aufzuweisen hat (weitere Infos unter: www.archaeologiemuseum.it).

Nützliche Adressen

Tourist-Info

Verkehrsamt der Stadt Bozen
Waltherplatz 8
39100 Bozen
Tel.: +39 0471 307 000
www.bolzano-bozen.it

Apotheken

Apotheke St. Anna
Mustergasse 10
39100 Bozen
Tel.: +39 0471 978256

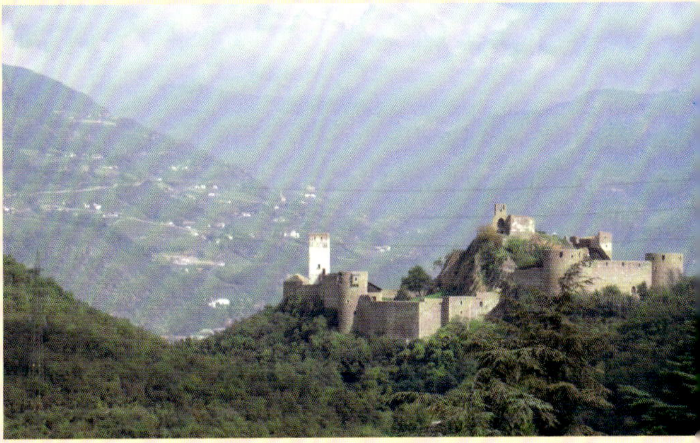

Das Schloss Sigmundskron über Bozen beherbergt das Messner Mountain Museum Firmian.

Apotheke Madonna
Lauben 17
39100 Bozen
Tel.: +39 0471 976749

Apotheke Busellato
Wangergasse 16
39100 Bozen
Tel. +39 0471 981091

Bike-Shops

Klammer Bike
Rentscherstr. 95
39100 Bozen
Tel.: +39 0471 978193
E-Mail: info@klammer-bike.com
www.klammer-bike.com

Zweirad Engl
Cavour Str. 20
39100 Bozen
Tel.: +39 0471 978 114
E-Mail: info@bikeshop-engl.it
www.zweirad-engl.it

Essen & Trinken

Batzenhäusl
Andreas-Hofer-Str. 30
39100 Bozen
Tel.: +39 0471 050 950

Laurin
Laurinstr. 4
39100 Bozen
Tel.: +39 0471 311 000

Weißes Rössl
Bindergasse 6
39100 Bozen
Tel.: +39 0471 973 267

Tramin

Nur etwa 5 km südlich des Kalterer Sees liegt am Fuße des Monte Roen (2113 m) das südtiroler Weindorf Tramin. Berühmt ist der kleine, nur rund 3000 Einwohner zählende Weinort vor allem für seine Rebsorte und dem gleichnamigen würzigen Wein, den Gewürztraminer. Diesen und alle anderen Weine der Region kann man in der auch architektonisch eindrucksvollen Kellerei verkosten.
Am Hauptplatz, im historischen Zentrum, befindet sich die Pfarrkirche St. Quirikus und Julitta mit dem höchsten gemauerten Kirchturm Tirols, der 86 m in den Himmel ragt. Das Traminer Dorfmuseum

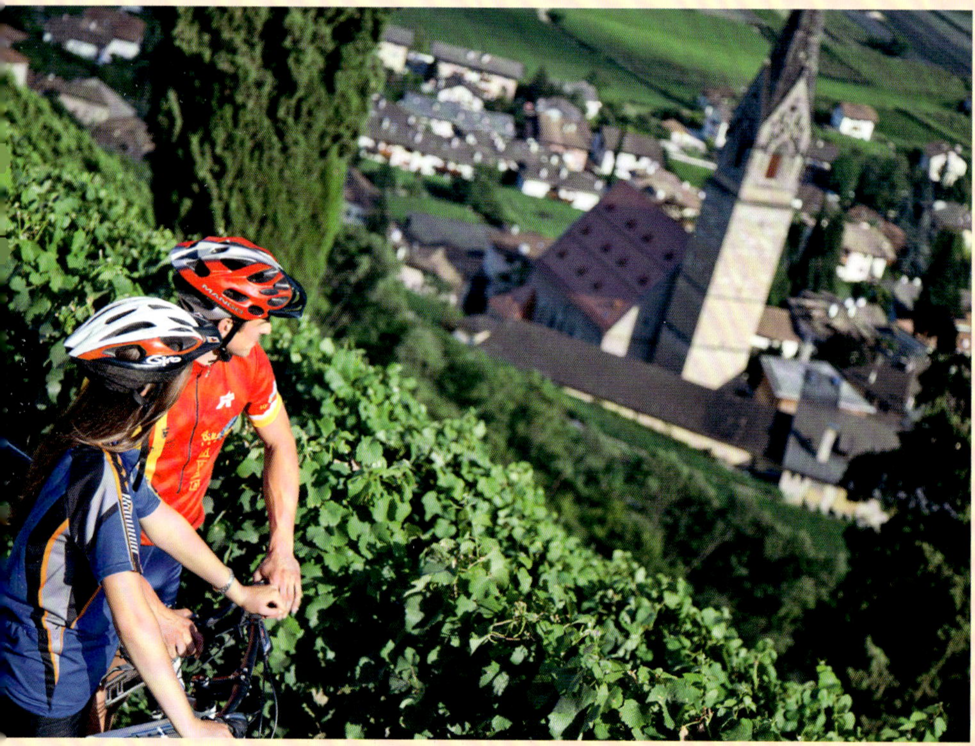

Tramin, der kleine Weinort an der Tiroler Weinstraße, hat es durch seinen Gewürztraminer zu Weltruhm gebracht.

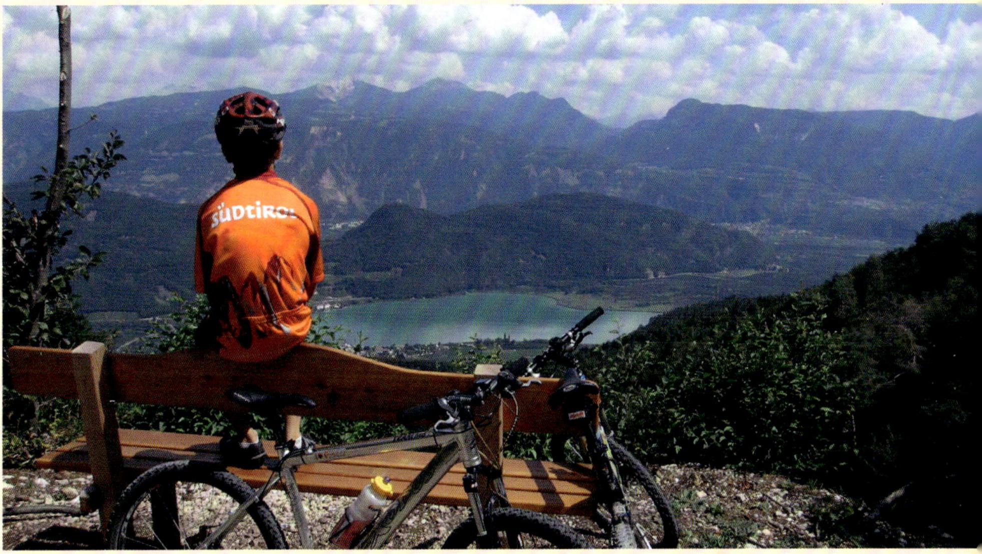

Die sanften Hügel rund um den Kalterer See sind ein wahres Eldorado für Radfahrer.

erzählt die ereignisreiche Vergangenheit der bäuerlichen Region. Ausgestellt sind hier u. a. Masken und Figuren des traditionellen Faschingsumzuges, des „Egetmannumzuges", der noch heute alle zwei Jahre stattfindet.

Gewürztraminer

Tramins wohl bekanntester Wein, der Gewürztraminer, wird im Bozner Talkessel, im Etschtal und Eisacktal, im Vinschgau und um Meran angebaut. Er hat eine goldgelbe intensive Farbe und eine gehaltvolle Note, die an Rosen, Nelken und Litschis erinnert. Sein angenehm trockenes und leicht würziges Aroma kommt am besten bei einer Serviertemperatur von 11 bis 13°C zur Geltung. Der Gewürztraminer ist beliebt als Dessertwein oder als Aperitif und eignet sich hervorragend zu Fischspeisen, Pasteten, Schalen- und Krustentieren oder auch zu gut gewürzter orientalischer oder asiatischer Küche. Diese spätreifende Rebsorte mit mehr oder weniger intensiv rötlich gefärbten Beeren hat hohe Ansprüche an Boden und Lage. Warme, sandige und lehmige Böden müssen es sein, am besten in windgeschützter und warmer Hanglage.

Nützliche Adressen

Tourist-Info

Tourismusverein Tramin
Mindelheimerstr. 10a
39040 Tramin
Tel.: +39 0471 860 131
E-Mail: info@tramin.com
www.tramin.com

Apotheke

Apotheke RAM
H.-Feur-Str. 3
39040 Tramin
Tel.: +39 0471 860487

Bike-Shops

In Tramin gibt es keinen Bike-Shop, aber in den Nachbarorten Eppan und Neumarkt.

Sanvit Bike & Fitness
Sillweg 70a
39057 Eppan
Tel.: +39 0471 660 775
E-Mail: info@sanvit.com
www.sanvit.com

Mich Roberto Vendita Riparazione Biciclette
LGO Municipio 45
39044 Neumarkt
Tel.: +39 0471 812754

Essen & Trinken

Goldener Löwe
Rathausplatz 2
39040 Tramin
Tel.: +39 0471 860 140

Café Obermaier
Hans-Feur-Str. 28

39040 Tramin
Tel.: +39 0471 860 439

Restaurant/Pizzeria Schießstand
Schießstandweg 10
39040 Tramin
Tel.: +39 0471 860 310

Trento

Trient, italienisch Trento, ist die Hauptstadt des Trentino und der autonomen Region Trentino-Südtirol, der am nördlichsten gelegenen Verwaltungsregion Italiens und hat ca. 117 000 Einwohner aufzuweisen.

Trento ist eine geschichts- und kunstträchtige Stadt, in der italienische und mitteleuropäische Kultur aufeinander treffen. Bekannt geworden ist die Stadt auch durch das Konzil von Trient (Tridentinum), das von der römisch-katholischen Kirche als 19. ökumenisches Konzil gerechnet wird und zwischen 1545 und 1563 in Trento stattfand. Hauptanlass war die Notwendigkeit, auf die Forderungen und Lehren der Reformation zu reagieren.

Zu ihren wichtigsten Sehenswürdigkeiten gehören das Castello del Buonconsiglio – über Jahrhunderte Residenz der Trienter Fürstbischöfe –, der Dom mit seiner wundervollen Piazza und dem Neptunbrunnen, die mit Fresken verzierten Häuser, die Konzilkirchen sowie die zahlreichen Museen der Stadt. Vom Castello del Buonconsiglio führt die sogenannte kaiserliche Promenade durch die Altstadt bis zum Domplatz. Entlang der Via San Marco, der Via Manci und der Via Belenzani kann man sich an den prächtigen Palazzi erfreuen. Charakteristisch für die verwinkelten Gassen der Altstadt sind die Arkaden der Via Suffragio, die antiken Türme und die Stadtmauern.

Im Jahr 2004 wurde die Stadt Trient mit dem Titel „Alpenstadt des Jahres“ ausgezeichnet. Sie besitzt eine der prestigeträchtigsten Universitäten Italiens und ist Schauplatz bedeutender kultureller Veranstaltungen, wie z. B. des „Festivals der Wirtschaft“, das jedes Jahr Wissenschaftler und Experten aus aller Welt anzieht.

Castello del Buonconsiglio

Das Castello del Buonconsiglio ist der bedeutendste profane Bau des Trentino und steht auf einem Felsvorsprung im Nordosten der Altstadt von Trento. Das Castello ist ein mehrflügeliges denkmalgeschütztes Gebäude und war bis 1796 die Residenz der Trienter Fürstbischöfe. Außerdem ist es das größte befestigte Stadtschloss des Alpenraumes. Heute beherbergt der Gebäudekomplex aus Kalkstein ein kunsthistorisches Museum,

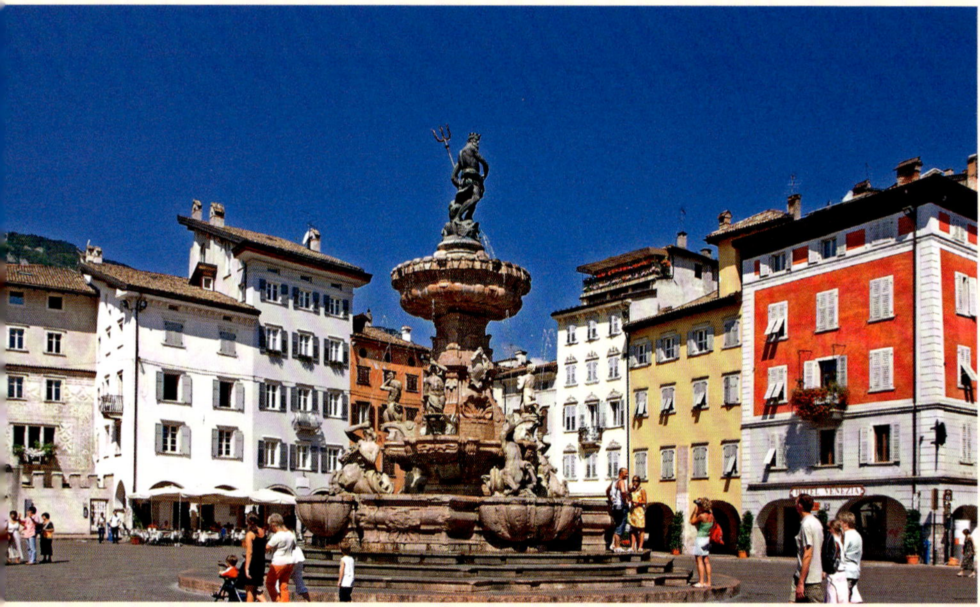

Der Neptunbrunnen ist eines der Wahrzeichen Trentos.

Räume für Wechselausstellungen, eine Gedenkstätte für italienische Irredentisten, einen Museumsshop und ein Restaurant.

Domplatz mit San Vigilio Kathedrale und Neptunbrunnen

Der zentrale Platz am Dom ist für Trento Mittelpunkt und Wahrzeichen zugleich. Der dem Heiligen Vigilius gewidmete Dom wurde bereits im 13. Jahrhundert in Auftrag gegeben. Seine Fertigstellung dauerte aber noch ein weiteres Jahrhundert. Unter dem Hochalter werden bis heute die Reliquien des Heiligen Vigilius aufbewahrt.

Vor dem Dom steht der im Jahr 1767 im Stile des Barock erbaute Neptunbrunnen – ebenfalls ein Wahrzeichen der Stadt. Von seinen Stufen aus hat man einen herrlichen Blick auf den Dom.

Monte Bondone

Der Monte Bondone ist Hausberg der Trienter (2180 m). Von seiner natürlichen Terrasse aus hat man einen fantastischen 360°-Grad-Rundblick auf die Brenta-Dolomiten und die Berggruppen des Trentino. Im Sommer ist der Berg sehr beliebt bei Wanderern, Bikern, Kletterern, Drachenfliegern und Paraglidern. Im Winter bringen sechs Lifte Skifahrer und Snowboarder hinauf zu den Pisten.

Nützliche Adressen

Tourist-Info

Tourismus Informationsbüro Trento
Via Manci 2
38100 Trento
Tel.: +39 0461 216000
E-Mail: informazioni@apt.trento.it
www.visittrentino.it

Apotheken

Farmacia Alla Madonna
Via Giannantonio Manci 42
38100 Trento
Tel.: +39 0461 982584

Farmacia Di Roncafort
Via Luigi Caneppele 31
38121 Trento
Tel.: +39 0461 422455

Farmacia Gallo
Via Mantova 51
38120 Trento
Tel.: +39 0461 234387

Bike-Shops

Sportler Trient
Mantovastr. 12
38100 Trento
Tel.: +39 0461 981290
www.sportler.com

Moser Bike
Via Bolzano 43
38121 Trento
Tel.: +39 0461 992215

Essen & Trinken

Al Vò
Vicolo Del Vò 11
38100 Trento
Tel.: +39 (0461) 985374

Ristorante Orso Grigio
Via degli Orti 19
38122 Trento
Tel.: +39 0461 984400

Le Due Spademehr
Via Don Arcangelo Rizzi 11
38122 Trento
Tel.: +39 0461 234343

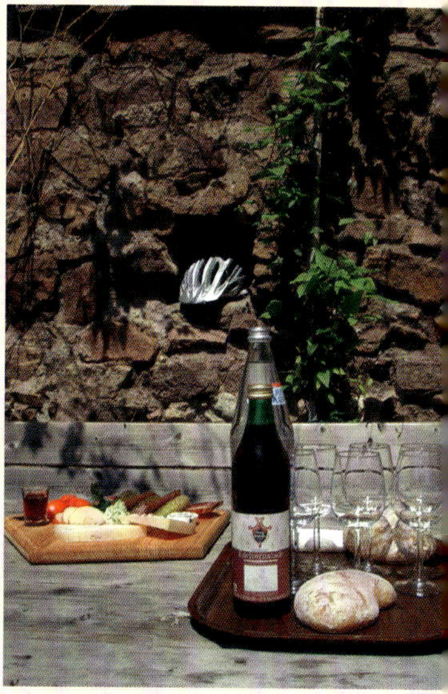

Das darf man auf keinen Fall versäumen: Südtiroler Spezialitäten und Wein.

Hotels

Hotel America
Via Torre Verde 52
38100 Trento
Tel.: +39 0461 983010
E-Mail: info@hotelamerica.it
www.hotelamerica.it

Hotel Everest
Corso Alpini 14
38121 Trento
Tel.: +39 0461 825300
E-Mail: info@hoteleverest.it
www.hoteleverest.it

Garni Villa Fontana
Via Felice e Gregorio Fontana 11
38122 Trento
Tel.: +39 0461 829800
E-Mail: info@villafontana.it
www.villafontana.it

6 Über den niedrigsten Pass der Alpen – von Trento nach Riva del Garda

Panorama

Höhenunterschied
ca. 200 hm

Tourlänge
ca. 50 km

Ausgangs-/Endpunkt: Trento (ca. 200 m)/Riva del Garda (ca. 80 m)

Ausdauer: Die letzte Etappe stellt keine besonderen Herausforderungen mehr an Ausdauer und Kondition – schließlich wollen wir den Nachmittag am Lago genießen!

Wegbeschaffenheit: Route komplett auf Asphalt

▽ **Kinderanhänger:** keine Einschränkungen

höchster Punkt: Passo San Giovanni (ca. 280 m)

Einkehrtipps: diverse Cafés und Restaurants entlang der Route in Rovereto, Mori, Loppio und Torbole

Kartentipps: KOMPASS 75 – Valsugana, Trento, Piné, Levico, Lavarone; KOMPASS 101 – Rovereto, Monte Pasubio

An unserem sechsten und letzten Etappentag genießen wir die noch verbleibenden 50 Kilometer auf dem Radweg durchs Etschtal und freuen uns auf einen entspannten Nachmittag am Gardasee.

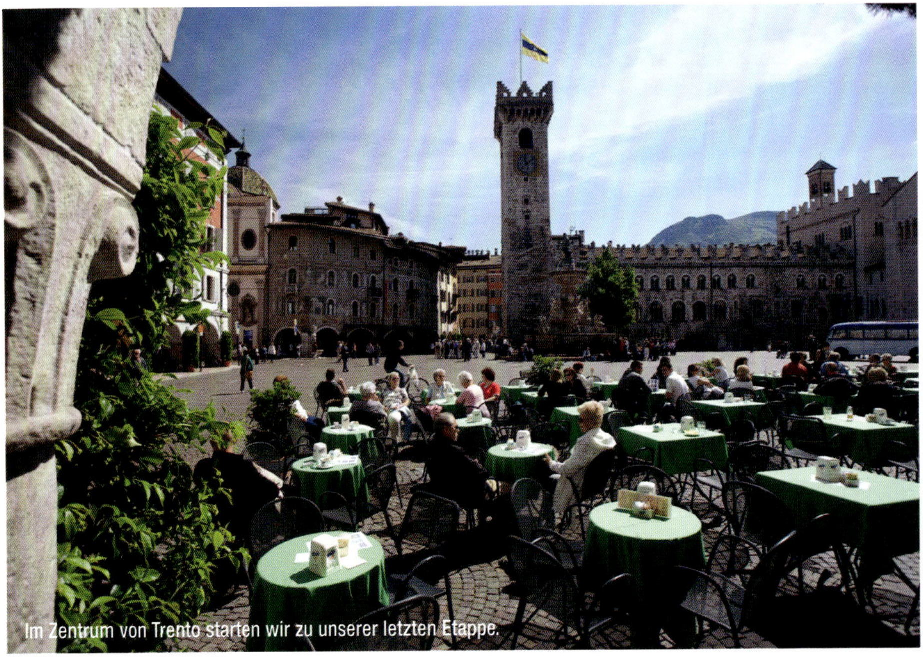

Im Zentrum von Trento starten wir zu unserer letzten Etappe.

An unserem letzten Alpencrosstag starten wir im Zentrum von Trento und fahren durch die Gassen der Altstadt zurück zur Etsch auf den Radweg. Von nun an geht es stets flach am Fluss entlang. Obstplantagen mit Apfelbäumen und Weintrauben säumen rechts und links unseren Weg.

Nach knapp 30 km haben wir Rovereto erreicht. Die kleine Trentiner Stadt, das Tor zum Gardasee, hat kulturinteressierten Touristen einiges zu bieten. Daher lohnt hier ein Abstecher in die Altstadt.

Ab Rovereto ist es nicht mehr weit bis zum Lago. Noch rund 20 km liegen vor uns. Durch die Ortschaften Mori und Loppio geht es leicht bergauf und vorbei am Lago di Loppio zum letzten Anstieg unserer Tour. Denn vom Gardasee trennt uns nur noch der Passo San Giovanni, mit etwa 280 m der niedrigste Pass der Alpen.

Jetzt geht es nur noch bergab. Wir fahren durch das kleine Örtchen Nago und genießen erste traumhafte Gardaseetiefblicke.

Über die alte Verbindungsstraße rollen wir von Nago hinab in das

SEHENSWÜRDIGKEITEN

Castel Beseno

Das Castel Beseno, das wir kurz vor Rovereto auf der rechten Seite in den Bergen sehen, ist die größte Festungsanlage des Trentino. Heute finden hier v. a. kulturelle Ausstellungen und Aufführungen statt. Einst war die Festung Schauplatz bekannter Gefechte, von den Parteienkriegen mit den Veronesern im 12. und 13. Jahrhundert bis hin zur Schlacht von 1487 zwischen Trentinern und Venezianern, den bewaffneten Kämpfen der französischen Revolutionäre mit den Österreichern und schließlich den beiden Weltkriegen. Im Jahr 1973 übergaben die Grafen Trapp die Festung als Schenkung an die Autonome Provinz von Trient, die sie sorgfältig restaurierte. Heute kann man die instand gesetzte Anlage besichtigen.

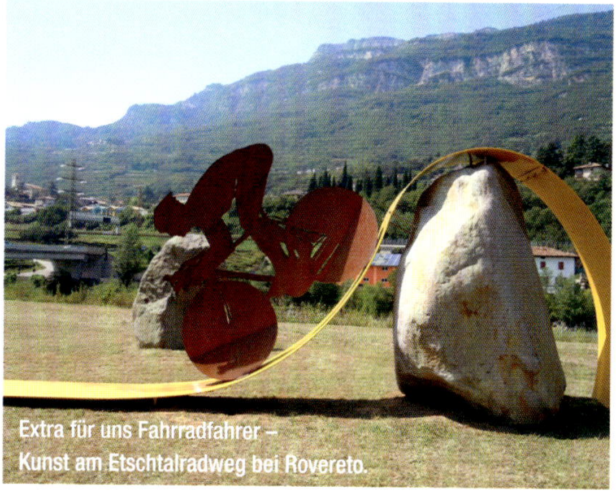

Extra für uns Fahrradfahrer – Kunst am Etschtalradweg bei Rovereto.

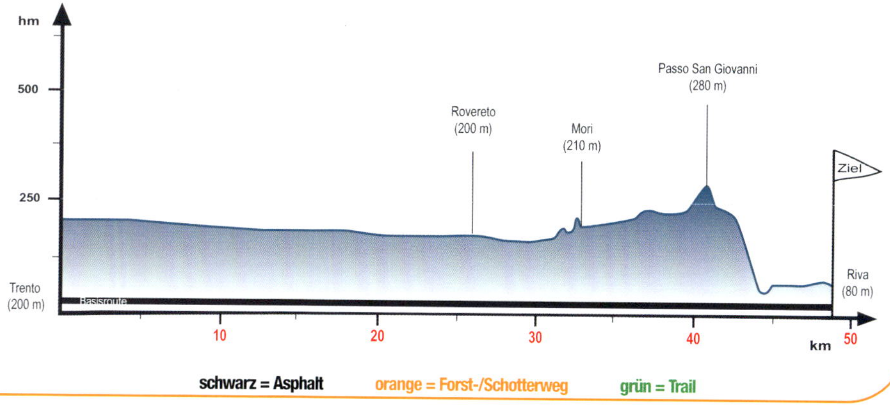

ehemalige Fischerörtchen Torbole, heute ein Eldorado für Surfer und Mountainbiker. Wir haben es geschafft: Wir sind am Lago di Garda, dem Ziel unseres Alpencrosses, angekommen!

Am Seeufer entlang radeln wir weiter über die Radroute nach Riva del Garda, unserem Etappenziel. Den tiefblauen Gardasee stets im Blick. Jetzt heißt es, den Nachmittag genießen: ausspannen, relaxen am See, bummeln in Torbole oder Riva und natürlich zur Feier des Tages am Abend in einem der zahlreichen italienischen Restaurants richtig schön essen gehen. Denn das haben wir uns verdient!

SEHENSWÜRDIGKEITEN

Lago di Garda

Der Gardasee liegt auf einer Höhe von 65 m und ist mit einer Länge von über 51 km und einer maximalen Breite von 17 km der größte See Italiens. Einst durch den Etschgletscher geformt, liegt das Nordufer des Sees umrahmt von den Zweitausendern der Gardaseeberge, wie z. B. dem Monte Baldo. Das Südufer befindet sich dagegen im krassen Gegensatz zum Nordufer in der flachen Poebene. Politisch gesehen gehören die Städte und Orte am Gardasee zu drei unterschiedlichen italienischen Regionen: der Norden zählt zu Trentino-Südtirol, der Westen zur Lombardei und das Ostufer zu Venetien. Damit teilen sich die drei Provinzen Trentino (Norden), Verona (Osten) und Brescia (Westen) die Verwaltung. Bis zum Ersten Weltkrieg stand das Nordufer des Sees sogar unter der Herrschaft Österreich-Ungarns.

Der Gardasee wird hauptsächlich durch den Fluss Sarca gespeist. Dieser fließt am Nordende bei Torbole in den See. Als Mincio verlässt der Fluss bei Peschiera del Garda den Gardasee und fließt später in den Po.

Besonders bekannt ist der Gardasee wegen seiner einzigartigen Fallwinde am nördlichen Ufer. Die Hauptwinde sind die Ora und der Peler. Die Ora ist ein Südwind, der in der Mittagszeit beginnt und bis in die frühen Abendstunden weht. Der Peler (auch unter dem Namen Vento (it. für Wind) bekannt) ist ein Nordwind, der in der zweiten Nachthälfte beginnt und bis zum Vormittag anhält. Wegen dieser Winde ist der nördliche Gardasee zwischen Torbole und Malcesine bei Seglern und Windsurfern sehr beliebt.

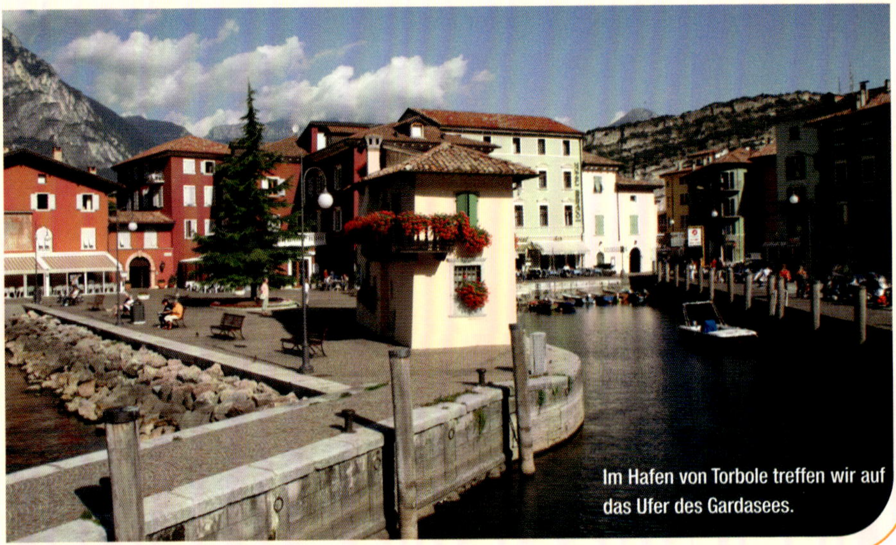

Im Hafen von Torbole treffen wir auf das Ufer des Gardasees.

Etappenorte

Rovereto

Rovereto, oft als Kulturhauptstadt des Trentino und als Tor zum Gardasee bezeichnet, liegt nur wenige Kilometer vom Nordufer des Lago entfernt im Etschtal. Die kleine Trentiner Stadt ist an der alten Römerstraße Via Claudia Augusta verortet und hat daher über die Jahrhunderte viele Völker vorbeiziehen sehen. Davon zeugen das venezianische Kastell oberhalb der Altstadtgässchen sowie die Mischung aus italienischen Palazzi und österreichischer Architektur. Bis 1919 gehörte Rovereto zur KuK-Monarchie Österreich-Ungarn und wurde im Ersten Weltkrieg zur bitter umkämpften Frontstadt. Das Museum des Ersten Weltkrieges im Stadtschloss gibt darüber Aufschluss.

Heute zählt die Stadt ungefähr 35 000 Einwohner und hat vor allem Kunstliebhabern einiges zu bieten. Denn Rovereto gilt als Zentrum zeitgenössischer Kunst in Italien. Neben zahlreichen Kunstevents und Festivals hat sich seit 2002 mit dem MART eines der wichtigsten Museen für zeitgenössische Kunst Italiens in Rovereto etabliert.

Nützliche Adressen

Tourist-Info

Fremdenverkehrsamt Rovereto
Piazza Rosmini 16
38068 Rovereto
Tel.: +39 0464 430363
E-Mail: info@visitrovereto.it
www.visitrovereto.it

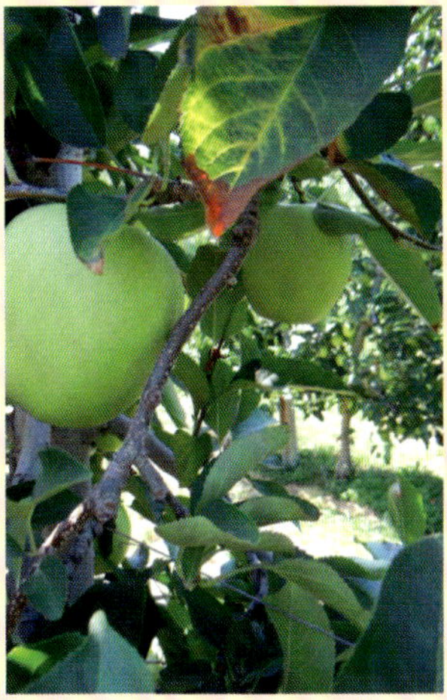
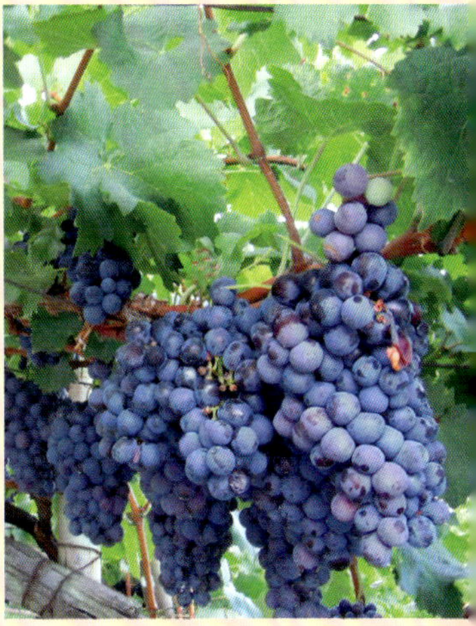

Äpfel und Trauben bestimmen das Bild im südlichen Etschtal.

Apotheken

Dott. Santoni Piazza Filzi
Piazza Filzi 21
38068 Rovereto
Tel.: +39 0464 437 797

Cobelli Via Mazzini
Via Mazzini 10
38068 Rovereto
Tel.: +39 0464 421 270

Pavani Via Leonardo da Vinci
Via Leonardo da Vinci
38068 Rovereto
Tel.: +39 0464 436 620

Bike-Shop

Vitamina bc shop & rent bike
Via Campagnole 44
38068 Rovereto
Tel.: +39 0464 750065
E-Mail: infa@vitaminabc.it
www.vitaminabc.it

Essen & Trinken

Ristorante S. Colombano
Via Vicenza 30
38068 Rovereto
Tel.: +39 0464 436006

Osteria del Pettirosso
Corso Angelo Bettini 24
38068 Rovereto
Tel.: +39 0464 422 463

Caffè Demin
Via Dante Alighieri 6
38068 Rovereto
Tel.: +39 0464 437 776

Riva del Garda

Riva del Garda liegt in der italienischen Region Trentino am Nordende des Gardasees und ist mit über 16 000 Einwohnern die größte Ortschaft am Seeufer. Schon die Römer wussten die strategisch günstige Lage zu schätzen, deswegen war Riva del Garda schon früh besiedelt. Später war Riva Anziehungspunkt für Literaten und Philosophen. Unter ihren wiederkehrenden Sommerfrischlern befanden sich zum Beispiel Friedrich Nietzsche, Rainer Maria Rilke, Franz Kafka und die Gebrüder Heinrich und Thomas Mann.

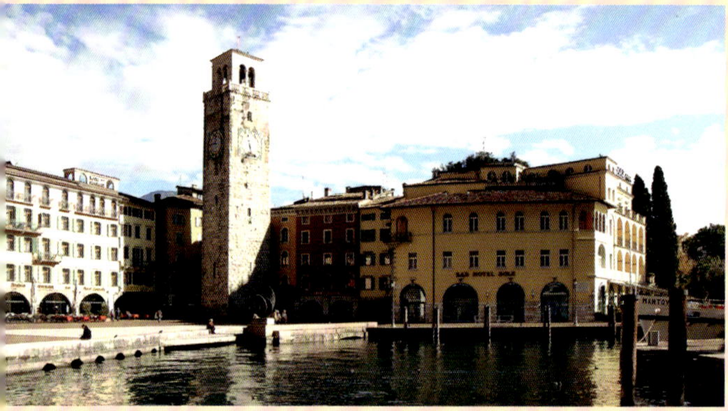

Riva del Garda – Kulturstadt mit KuK-Flair.

Heute ist Riva del Garda ein beliebter Urlaubsort. Besonders Freizeitsportler lockt es wegen seiner günstigen geografischen und klimatischen Bedingungen an das Nordende: die Gardaseeberge sind ein ideales Revier für Mountainbiker und Kletterer, der See selbst ist wegen seiner berühmten Fallwinde ein Paradies für Surfer und Segler. Es kommen aber auch ältere Reisende und Familien, die wegen des langen Strandes und des parkähnlichen Ufers, der vielen Geschäfte sowie der guten Restaurants nach Riva del Garda kommen.

Der historische Kern der Stadt liegt direkt am See, auf der Uferpromenade laden zahlreiche Cafés zum Ausspannen ein. Drei noch erhaltene Stadttore führen in die Fußgängerzone Rivas. Sehenswert ist außerdem die Rocca di Riva, eine festungsartige Wasserburg. In ihr ist heute das Stadtmuseum mit Gemälden und archäologischen Schätzen untergebracht. Auffällig ist auch die achteckige Chiesa dell' Inviolata. Die Barockkirche wurde im 17. Jahrhundert erbaut und ist vor allem innen sehr prunkvoll. Das Wahrzeichen Rivas aber ist der Torre Apponale, ein 34 m hoher Uhrturm, der leicht schief ist und an der Piazza 3 Novembre steht. Hier, auf der Piazza, schlägt das Herz der Altstadt.

Piazza 3 Novembre

Der malerische Platz der schönen Altstadt liegt direkt am See und ist von Arkaden umgeben. Er wird vom hohen Stadtturm Torre Apponale, einem Relikt der mittelalterlichen Stadtmauer, dominiert.

Rocca

Die ganz von einem Wassergraben umgebene mächtige Burg, die zum Symbol militärischer Macht wurde, stammt aus dem 12. Jahrhundert. Im Laufe der Jahre wurde sie immer wieder verändert und ergänzt. Heute beheimatet sie das Museo Civico und die Pinakothek mit naturkundlichen, archäologischen und frühgeschichtlichen Sammlungen.

Pfarrkirche Santa Maria Assunta

Die barocke Pfarrkirche Santa Maria Assunta erhebt sich in der Stadtmitte von Riva del Garda und blickt auf die große Piazza Cavour. Das Bauwerk, eine Neuerrichtung aus dem 18. Jahrhundert, beherbergt zahlreiche Ölgemälde und Stuckarbeiten. Das Kircheninnere besteht aus einem einzigen Schiff und einer Seitenkapelle für das Seelenamt. Hinter dem Hochaltar verbirgt sich ein großes Bild der Assunta von Craffonara, von dem die Kirche am vierten Altar auf der linken Seite sein Meisterwerk bewahrt, die Schmerzensmutter. Auf der angrenzenden Piazzetta Craffonara steht eine Basrelief-Büste des Kunstmalers (1790–1837), das Werk von Francesco Trentini, und eine alte Säule. Die ehemalige, später zerstörte Kirche befand sich an diesem kleinen Platz.

Chiesa dell'Inviolata

Diese Kirche aus dem 17. Jahrhundert wurde von einem unbekannten portugiesischen Architekten im manuelinischen Stil gebaut und ist Rivas größter Kunstschatz. Stuck und Dekorationen, Marmoraltäre und ein geschnitztes hölzernes Chorgestühl schmücken das prunkvolle Innere. Bemerkenswert sind die Gemälde von Palma il Giovane und die Fresken von Pietro Ricci. Der Sakralbau mit seinem achteckigen Grundriss gilt als eine der schönsten Barockkirchen des Trentino. Er wurde zwischen 1603 und 1636 nach dem Entwurf eines unbekannten portugiesischen Architekten errichtet.

Porto San Nicolò

Sporthafen von Riva mit Kiesstrand, Rasenflächen und gemütlicher Hafenkneipe außerhalb der Stadt auf dem Weg Richtung Torbole.

Il Bastione

Die Festung Il Bastione, gebaut aus grauem Naturstein, am Hang des Monte Rocchetta, ist eines der Symbole von Riva del Garda, das aus etwa 200 m Höhe die Stadt und den See dominiert. Die venezianische Festung wurde zu Beginn des 16. Jahrhunderts errichtet, um dem unterhalb liegenden Ort und seinen Einwohnern mehr Sicherheit zu garantieren. 1703 wird die Festung durch die von General Vendôme angeführten Truppen zerstört, die den Zentralkomplex verminten und somit das Befestigungswerk unbrauchbar machten. Die Festung ist vom Hafen in Riva in wenigen Minuten über eine gepflasterte Straße erreichbar, die durch den Schwarzkiefernwald der Rocchetta führt.

Nützliche Adressen

Tourist-Info

Tourist-Info Riva del Garda
Largo Medaglie d'Oro al Valor Militare 5
38066 Riva del Garda
Tel.: +39 04 64 55 44 44
E-Mail: info@gardatrentino.it
www.gardatrentino.it

Apotheken

Apotheke Frau Dr. Elena Accorsi
Via degli Oleandri 15
38066 Riva del Garda – Varone
Tel.: +39 0464 551195

Apotheken Accorsi Dr. Massimo
Via Maffei 8
38066 Riva del Garda
Tel.: +39 0464 552302

Städtische Apotheke S. Giuseppe
Viale Trento 96
38066 Riva del Garda
Tel.: +39 0464 550509

Bike-Shops

Rosà Bike & Scooters
Viale Dante 4
38066 Riva del Garda
Tel.: +39 0464 553498
www.rosabike.it

Villa Aranci Shop
Viale Rovereto 23
38066 Riva del Garda
Tel.: +39 0464 552715
www.villaaranci.it

The Lab Bike Wellness
Viale G. Carducci 8/b
38066 Riva del Garda
Tel.: +39 0464 550951
www.the-lab.de

Leoni Cicli
Via S.Nazzaro 2
38062 Riva del Garda
Tel.: +39 0464 521832
www.leonicicli.com

Cicli Pederzolli
Viale dei Tigli 24
38066 Riva del Garda
Tel.: +39 0464 551830
www.pederzolli.it

Essen & Trinken

Ristorante Pizzeria Leon d'Oro
Via Fiume 28
38066 Riva del Garda
Tel.: +39 0464 552341

Osteria La Contrada
Via Bastione 1
38066 Riva del Garda
Tel.: +39 0464 521695

La Fattoria
Via Marone 9
38066 Riva del Garda
Tel.: +39 0464 554258

Spaggia Olivi
Giardini di Porta Orientale 5
38066 Riva del Garda
Tel.: +39 0464 356600

Gelateria Flora
Viale Rovereto 54
38066 Riva del Garda
Tel.: +39 0464 551671

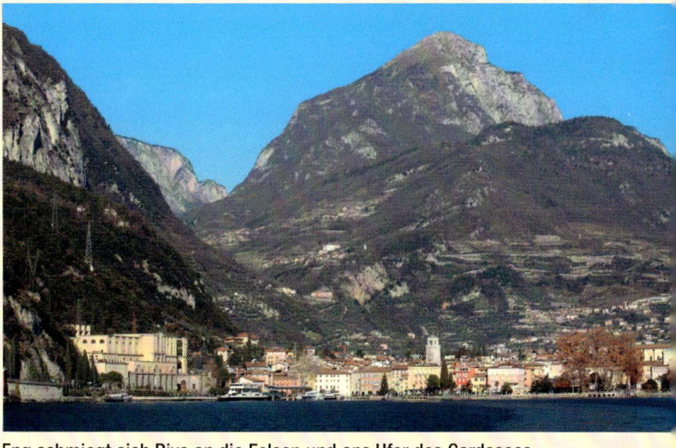

Eng schmiegt sich Riva an die Felsen und ans Ufer des Gardasees.

Hotels

Am Gardasee gibt es unzählige Hotels, Pensionen, Apartments sowie einige Campingplätze. Vom 5-Sterne Luxushotel bis zur einfachen Pension ist alles geboten. Zahlreiche Hotels haben sich mittlerweile auf die Wünsche und Bedürfnisse von Mountainbikern spezialisiert und bieten den Sportlern ein umfassendes Serviceangebot wie Werkstatt, Bike-Garage, geführte Touren und GPS-Verleih, Kartenmaterial, besondere Biker-Menüs und, und, und. Eine ausführliche Liste von MTB-Hotels am Gardasee findet man auf der folgenden Seite: www.gardamtbtours.com/en/lake-garda-bike-hotels

Garda Sporting Club Hotel
Via dei Tigli 40
38066 Riva del Garda
Tel.: +39 0464 55 20 72
E-Mail: info@gardasportinghotel.it
www.gardasportinghotel.de

EcoHotel Primavera
Via Brione 23
38066 Riva del Garda
Tel.: +39 0464551798
E-Mail: info@hotelprimavera-riva.it
www.hotelprimavera-riva.it

Hotel Garni Rita
Via Brione 19
38066 Riva del Garda
Tel.: +39 0464551798
E-Mail: info@garnirita.com
www.garnirita.com

Hotel Gabry
Via Longa 6
38066 Riva del Garda
Tel.: +39 0464 553600
E-Mail: hgabry@tin.it
www.hotelgabry.info

Albergo al Maso
Via Edoardo Modl, 7
38066 Riva del Garda
Tel.: +39 0464 521514
E-Mail: info@hotelalmaso.it
www.hotelalmaso.it

Torbole

Torbole war einst ein kleines Fischerdorf und ist heute ein beliebter Treffpunkt für Surfer und Segler am Nordufer des Gardasees. Torbole bietet die längste Seepromenade des Gardasees, mit einem ununterbrochenen weißen Kieselstrand, die sich nach einigen Kilometern vorbei an Surfschulen, Bars und Cafés, mit der Seepromenade von Riva del Garda verbindet. Neben all den Szene-Lokalen und Surfshops gibt es aber auch viel Geschichtsträchtiges zu entdecken. Der kleine Hafen mit dem alten Zollamt und dem Casa Beust ist der malerischste Platz von Torbole. Schon Goethe war von dem Flair zutiefst beeindruckt. Seine begeisterten Beschreibungen veranlassten in den vergangenen Jahrhunderten zahlreiche junge Maler und Dichter auf ihren Studienreisen durch Italien Torbole auf ihrer Route mit einzuplanen.

Pfarrkirche Sant' Andrea

Die Kirche, die 1175 bereits erstmals erwähnt wird, wurde im Jahr 1703 von französischen Truppen beinahe vollkommen zerstört. Nachdem sie im Stil des Barock wieder aufgebaut wurde, konnte sie 1839 feierlich geweiht werden. Prunkstück der Pfarrkirche ist das Altarbild Giambettino Cignarolis, eine Darstellung des Martyriums des Heiligen Andreas. Von dem Vorhof der Pfarrkirche bietet sich ein schöner Panoramablick auf Torbole und den See.

Casa Beust

Als Künstler-Treffpunkt war das Haus an der Seepromenade bis in die 1970er Jahre beliebt. Heute nehmen Surfer im malerischsten Viertel von Torbole gern ihr Mittagessen ein. Besondere Beachtung verdient das Fresko des Heiligen Antonius des Berliner Malers Hans Lietzmann.

Die Gletschermühlen (Nago-Torbole)

Ein Spaziergang der besonderen Art: Die Marmitte dei Giganti (Gletschermühlen) entstanden durch in Spalten abfließendes Schmelzwasser des Gletschers, die Gesteinstrümmer in kreisförmige Bewegung versetzten und langsam die Erweiterung und Vertiefung des Felsens forcierten. Die größten Gletschermühlen sind von der linken Seite der Staatsstraße, die von Torbole nach Nago führt, oder über einen Weg, der am Ende der Via Strada Granda in Torbole startet und bis zu den Marmitte aufsteigt (1,5 km), zu erreichen. Eine Wanderung wie durch eine Mondlandschaft!

Schloss Penede

Die Ruine von Castel Penede thront auf dem monumentalen Felsvorsprung, der oberhalb von Torbole in Richtung Gardasee ragt. Bei der Burg, auf den Resten einer prähistorischen Ansiedlung erbaut, handelt es sich vermutlich um ein Befestigungswerk der Römer. Die Anlage wird 1210 erstmals erwähnt. Das Schloss Penede ist ein fantastischer Aussichtspunkt, ein authentisches „Observatorium auf den Gardasee". Im darunter gelegenen Wald sind Reste einer enormen Mauer aus Kalkstein zu erkennen – vermutlich ein ehemaliger römischer Turm –, mit Fragmenten einer Freitreppe aus leuchtend rotem Naturstein. Bei Aufräumungs- bzw. Säuberungsarbeiten an dieser Struktur kamen große Lehmziegel, römische Münzen und Keramik ans Tageslicht, die Zeugnis über die Präsenz der Römer ablegen.

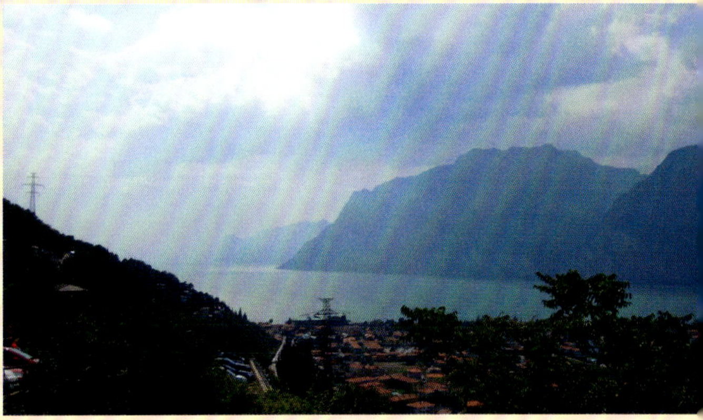

Von Nago aus genießen wir erste traumhafte Gardaseeblicke.

Nützliche Adressen

Tourist-Info

Fremdenverkehrsbüro Torbole
Via Lungolago Verona 19
38069 Torbole sul Garda
Tel.: +39 0464 505177

Apotheke

Farmacia Dr. Chinaglia
Via Matteotti 33
38069 Torbole sul Garda
Tel.: +39 0464 505440

Bike-Shops

Carpentari Bike Shop
Via Matteotti 95
38069 Torbole sul Garda
Tel.: +39 0464 505500
www.carpentari.com

3S Bike
Via Matteotti 122
38069 Torbole sul Garda
Tel.: +39 0347 47 137 48
E-Mail: info@3S-Bike.com
www.3s-bike.de

Mecki's
Via Matteotti 5
38069 Torbole sul Garda
Tel.: +39 0464 548051
www.mecki.com

Essen & Trinken

Ristorante Pizzeria La Fattoria
Via Giovanni Segantini 37
38069 Nago-Torbole
Tel.: +39 0464 548131

Ristorante Hotel Centrale
Piazza Goethe 13
38069 Nago-Torbole
Tel.: +39 0464 505234

La Terrazza
Via Benaco 14
38069 Torbole sul Garda
Tel.: +39 0464 506083

Pizzeria Sottovento
Via Segantini 37
38069 Torbole sul Garda
Tel.: +39 0464 548131

Wind's Bar
Via Matteotti 9
38069 Torbole sul Garda
Tel.: +39 0464 505232

Hotels

Aktivhotel Santalucia
Via Santa Lucia 6
38069 Torbole sul Garda
Tel.: +39 0464 505140
E-Mail: info@aktivhotel.it
www.aktivhotel.it

Hotel Villa Gloria
Via delle Busatte 1
38069 Torbole sul Garda
Tel.: +39 0464 505712
E-Mail: info@villagloria.info
www.villagloria.info

Hotel Garnì Villa Magnolia
Via della Lòva 8
38069 Torbole sul Garda
Tel.: +39 0464 505050
E-Mail: info@hotelvillamagnolia.it
www.hotelvillamagnolia.it

Apartments Casa Carla
Via Strada Granda 84–86
38069 Torbole sul Garda
Tel.: +39 0333 2701354
E-Mail: info@casacarla.it
www.casacarla.it

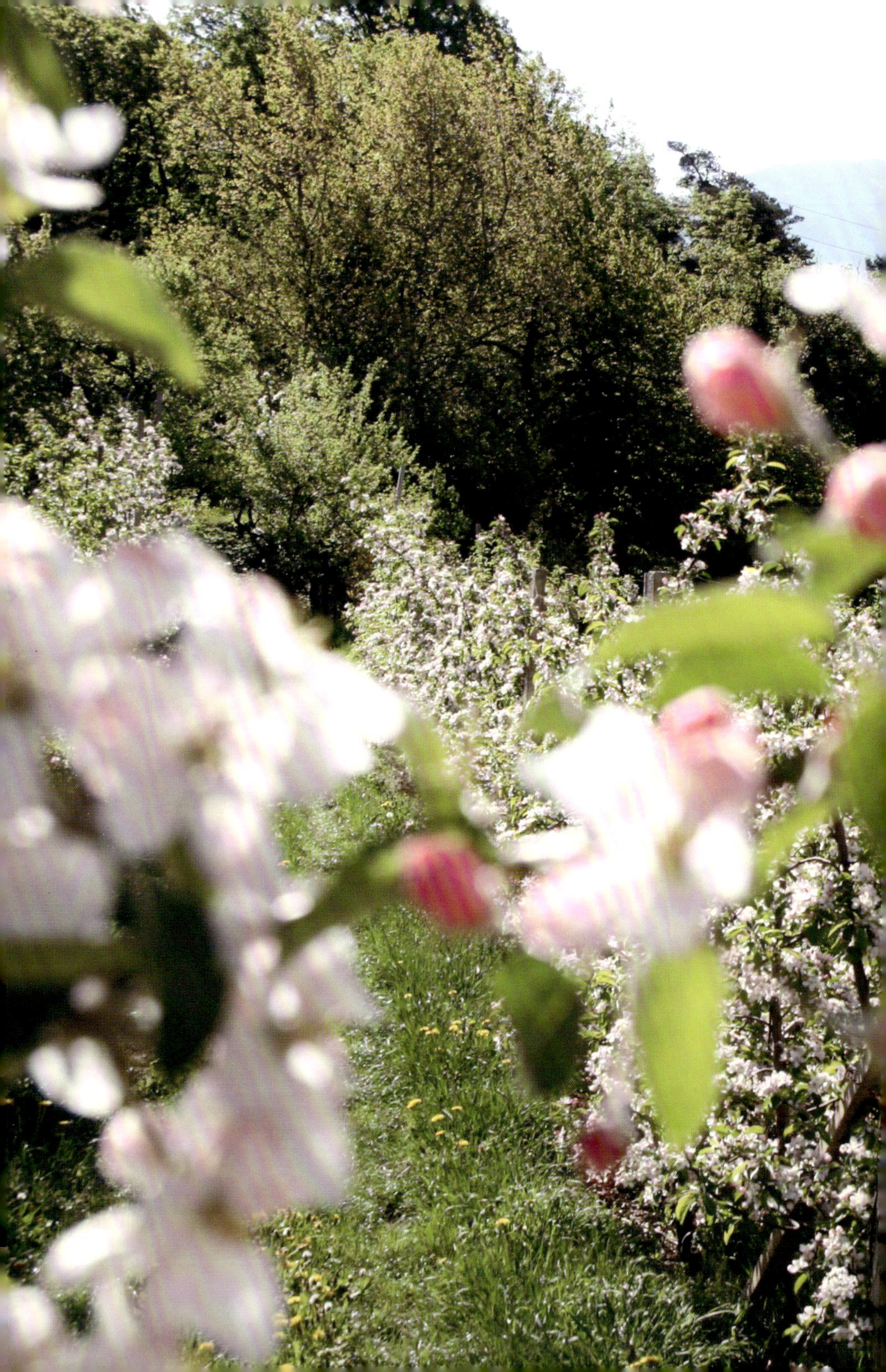

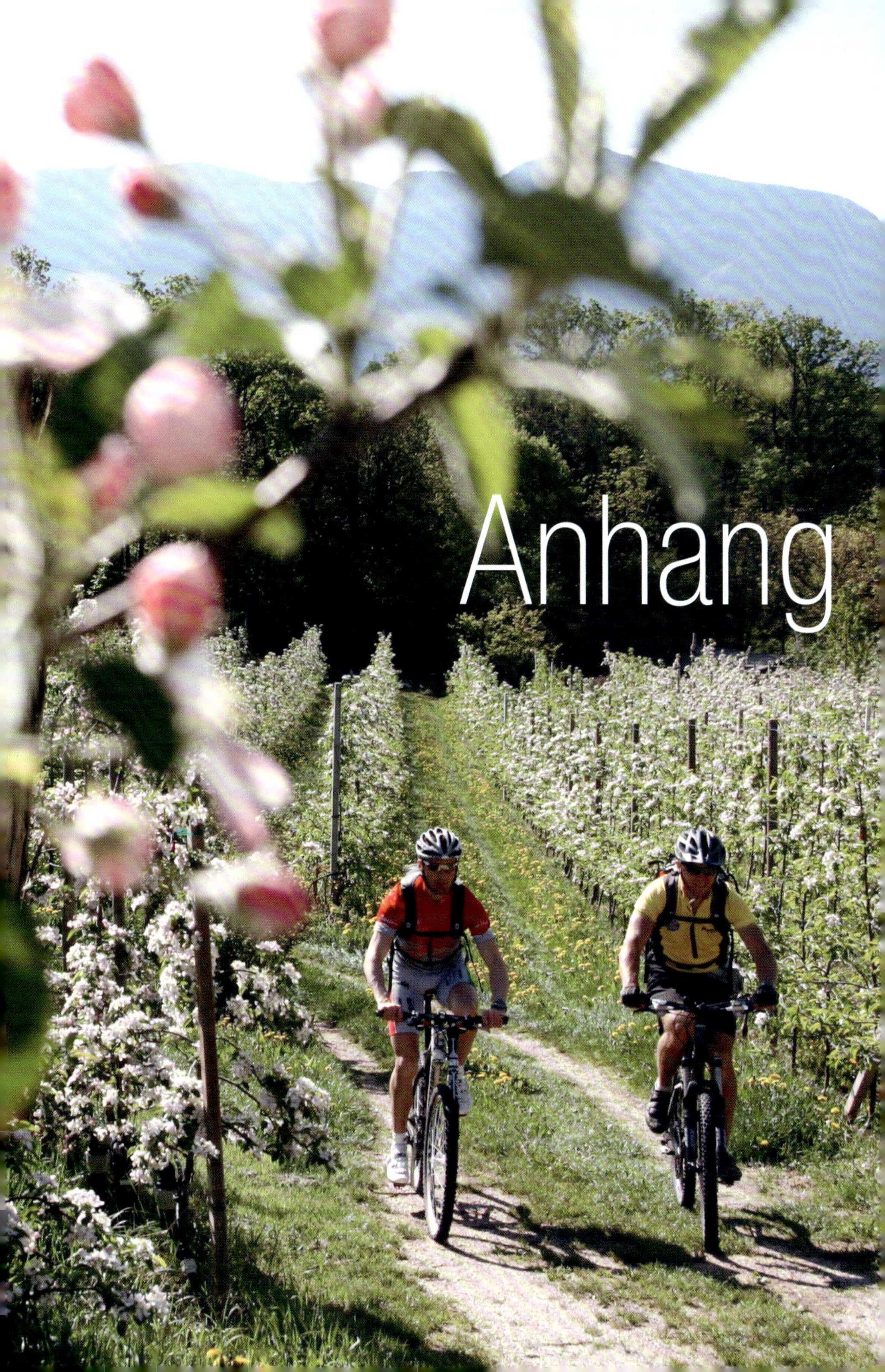

Anhang

Täglicher Bike-Check

Vor dem Start einer mehrtägigen Tour solltet Ihr unbedingt einen Bike-Check durchführen, um sicher zu gehen, dass alles passt und Ihr unterwegs keine bösen Überraschungen erlebt. Klar, gibt es entlang der Route zahlreiche Bike-Shops, aber vorbeugen ist besser als reparieren!

1. Bremsen

Sollten prompt und auf leichten Zug ansprechen und mit zwei Fingern leicht zu bedienen sein. Sie sollten bis 2 cm zum Lenkerrohr ohne Anstrengung gezogen werden können. Bei Scheibenbremsen die Bremsbeläge durch einen kurzen Blick prüfen. Für mehrtägige Touren sind im Gepäck zwei Sätze Ersatzbremsbeläge Pflicht. gecheckt ☐

2. Schnellspanner

Die Schnellspanner an den Laufrädern sollten stets nach hinten oder oben, parallel zum Rahmen, ausgerichtet sein. Keinesfalls nach vorne. Denn in diesem Fall können sich leicht Äste o. ä. in den Schnellspannern verhaken und im schlimmsten Fall Stürze verursachen. Sie sollten zudem fest genug geschlossen sein. gecheckt ☐

3. Lenker, Griffe, Vorbau

Das Vorderrad zwischen die Knie klemmen und Lenker, Vorbau und Griffe drehen. Alles muss fest sitzen. Griffe dürfen nicht hin und her rutschen! gecheckt ☐

4. Sattel

Prüfen, ob der Sattel spielfrei und fest auf der Sattelstütze sitzt. Wenn der Sattel plötzlich wegkippt, kann das schmerzhafte Folgen haben. gecheckt ☐

5. Reifen

Den Reifen auf mögliche Risse und Beschädigungen an Lauffläche und Mantelseiten überprüfen. gecheckt ☐

6. Pedale und Kurbel

Pedal und Kurbel sollten kein Spiel haben. Sind Kurbel und Pedale fest? Funktionieren die Klickpedale? Sind alle Schrauben an den Cleats an den Schuhen vorhanden und fest? Wenn diese sehr schwer gehen, etwas Teflonöl auf die Klickflächen geben. gecheckt ☐

7. Speichen

Jeweils zwei Speichen in die Finger nehmen und sie leicht zusammendrücken. Etwas Spiel dürfen sie haben, aber es sollte stets gleich viel sein. gecheckt ☐

Für den Bike-Check sollte man sich Zeit nehmen.

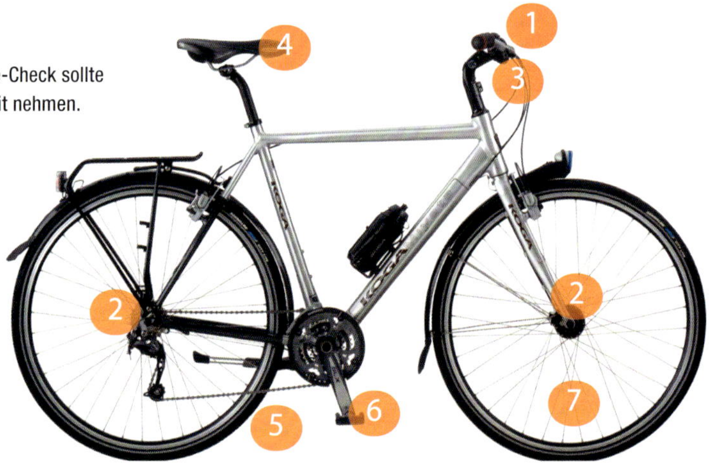

Erste-Hilfe-Guide

Es ist ratsam, auf Tour immer ein Erste-Hilfe-Pack im Rucksack zu haben. Wir empfehlen z. B. das Set des DAV oder der DIMB, da diese beiden alles Notwendige enthalten (Infos unter: www.dav.de und www.dimb.de)

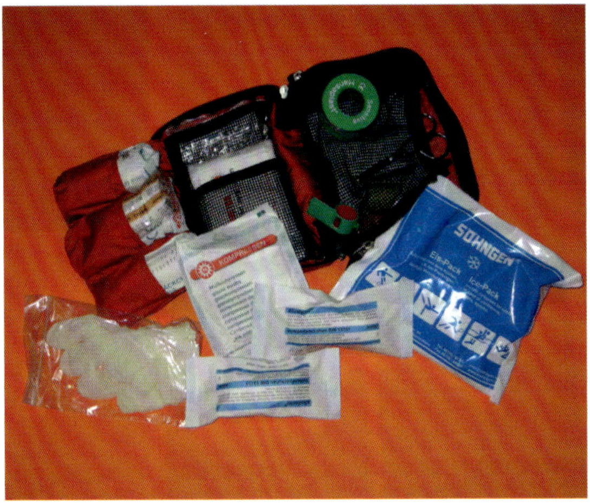

Ein Erste-Hilfe-Pack sollte auf Tour immer mit dabei sein.

Notruf-Nummern und Notruf

Europaweit und Schweiz: 112
Wo ist es passiert?
Was ist passiert?
Wie viele Verletzte?
Welche Verletzungen?
Warten auf Rückfragen!

Absichern der Unfallstelle

Den Verletzten, wenn nötig, aus der Gefahrenzone bringen.

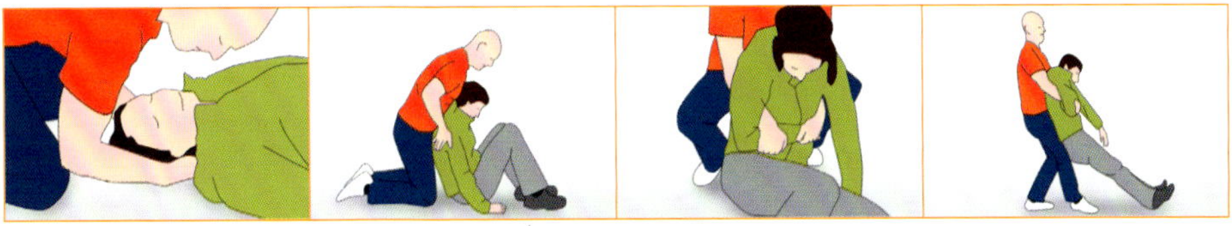

1 Unter den Nacken greifen, Kopf stützen, Oberkörper aufrichten.
2 Mit den Oberschenkeln den Verletzten abstützen.
3 Unter den Achseln durchfassen und den Unterarm des Verletzten greifen (Affengriff).
4 Den Verletzten auf die eigenen Oberschenkel ziehen und rückwärts zu einer sicheren Stelle bringen.

Den Verletzten auf einen ebenen Untergrund legen. Bei Rückenverletzungen nur bewegen, wenn der Verletzte ohnmächtig ist oder sich in Gefahr befindet (Absturzgefahr, Straßenverkehr etc.).

Stabile Seitenlage

Der geöffnete Mund muss tiefster Punkt des Körpers sein. Den Kopf überstrecken, um Ersticken zu verhindern. Atmung stets prüfen!

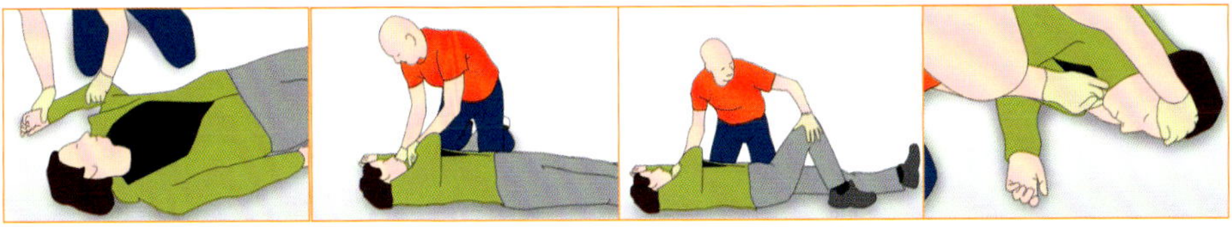

PACKLISTE FÜR 1 WOCHE GENIESSER-TOUR MIT GEPÄCKSHUTTLE

FÜR UNTERWEGS

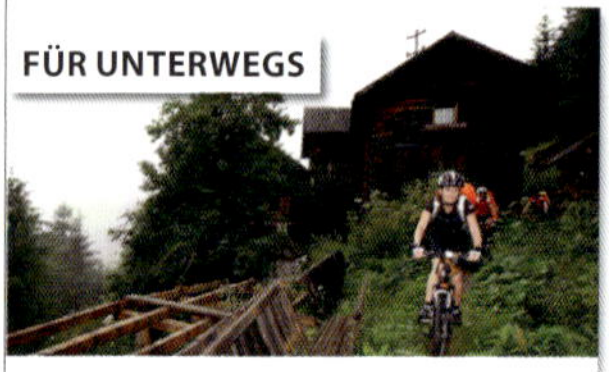

- ❍ Helm
- ❍ Bike- u. Sonnenbrille mit UV-Schutz
- ❍ Regenjacke, Regenhose
- ❍ ggf. Windbreaker o. Fleece
- ❍ ggf. Radüberziehschuhe
- ❍ (Langfinger-) Handschuhe
- ❍ 1 Radhose kurz
- ❍ ggf. Radhose lang o. Beinlinge
- ❍ 1 Kurzarm-Trikot
- ❍ 1 Langarm-Trikot/Armlinge
- ❍ 1 Paar Radsocken
- ❍ Buff-Tuch (für Hals o. Kopf)
- ❍ ggf. Mütze für unterm Helm
- ❍ Radschuhe
- ❍ Taschentücher
- ❍ Lippenpflegestift UV
- ❍ Sonnencreme (Faktor 12-30)
- ❍ Ersatzschlauch
- ❍ Schaltauge
- ❍ Ersatzbremsbeläge

HARDWARE FÜR UNTERWEGS

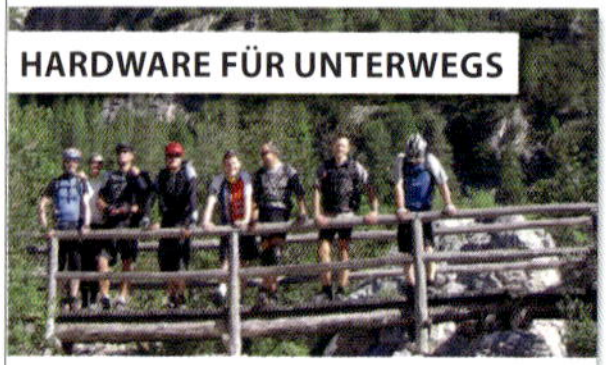

- ❍ Rucksack + Regenhülle
- ❍ Tacho oder GPS-Gerät
- ❍ ggf. Herzfrequenzmesser + Brustgurt
- ❍ 2 Radflaschen (je 0,75l) oder Trinksystem im Rucksack
- ❍ Handy + Ladegerät
- ❍ evtl. Kamera + Ladegerät
- ❍ Licht + Warnweste (Pflicht in Italien!)

VERPFLEGUNG

- ❍ Energie-/Müsli-Riegel
- ❍ ggf. Gel-Packs
- ❍ Fruchtschnitten
- ❍ evtl. Obst (Bananen)

IM SHUTTLE-GEPÄCK EMPFEHLEN WIR

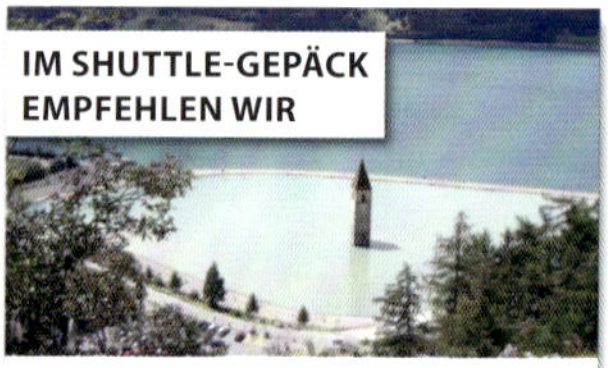

- ❍ 2 Radhosen
- ❍ 2 Kurzarm-Trikots
- ❍ 2 Paar Radsocken
- ❍ 3 T-Shirts
- ❍ 2 Hemden
- ❍ 2 Pullover
- ❍ 1 Freizeithose kurz
- ❍ 1 Freizeithose lang
- ❍ 1 Schlafanzug/-shirt
- ❍ Unterwäsche
- ❍ Strümpfe
- ❍ ggf. Badehose/-anzug
- ❍ Badeschlappen
- ❍ Schuhe

WENN ES MAL ZWACKT

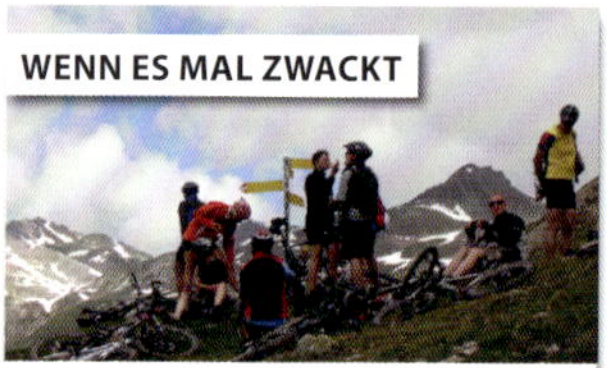

DAS ERSTE-HILFE-SET

und evtl. zusätzlich mitbringen:

- ❍ Aspirin
- ❍ Mückenstift/ -salbe
- ❍ Mobilat-Salbe o. ä.
- ❍ Gesäß- oder Wundsalbe
- ❍ Sonstiges falls notwendig!

(Gesäßsalbe gibt es im Radladen, Wundsalbe in der Apotheke)

SONSTIGES

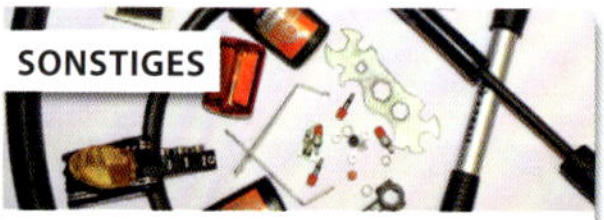

- ❍ Fahrradschloss
- ❍ Ersatzschläuche
- ❍ Flickzeug
- ❍ Kl. Pumpe
- ❍ Minitool (Werkzeug)

PERSÖNLICHES

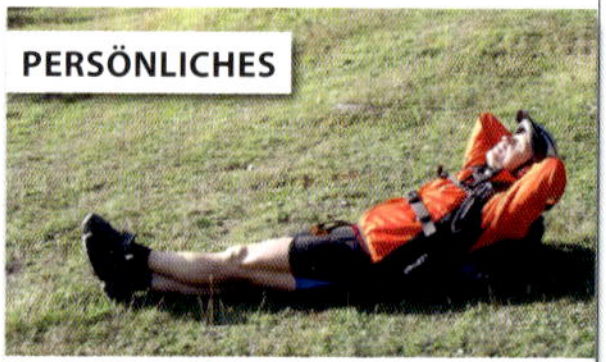

- ❍ ggf. optische Brille + Etui
- ❍ ggf. Kontaktlinsen/-mittel u. -behälter
- ❍ kleines Handtuch (Microfaser-Handtuch evtl. für unterwegs)
- ❍ Rasierer
- ❍ Waschzeug in Probeformat (gibt es im Drogerie-Markt),
- ❍ Hautcreme/After Sun
- ❍ Zahnbürste/-pasta
- ❍ Haarbürste
- ❍ ggf. Fön

AUSWEISE + FINANZEN

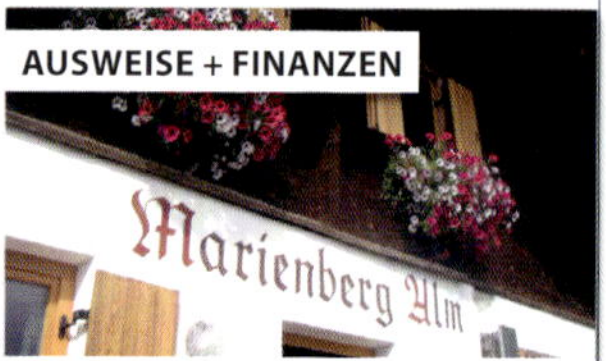

- ❍ Personalausweis
- ❍ ggf. Reisepass
- ❍ EC-Karte und/oder Kreditkarte
- ❍ Bargeld (ggf. Währungen)

JE NACH TOUR UND UNTERKUNFT

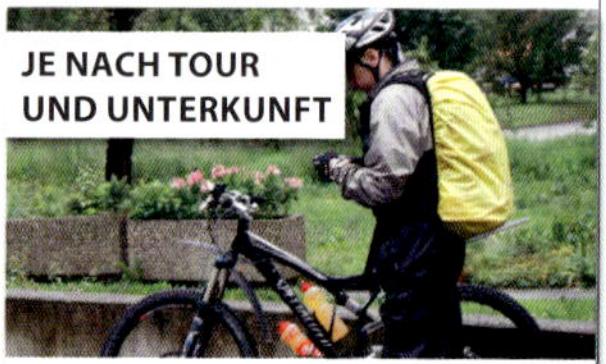

- ❍ Größerer Rucksack, in den alles Nötige für 2 Tage reinpasst (aber leicht!)
- ❍ Hüttenschlafsack
- ❍ Kleines Handtuch
- ❍ Waschzeug im Kleinformat
- ❍ ggf. leichte Hüttenschuhe

PACKLISTE FÜR 1 WOCHE GENIESSER-TOUR OHNE GEPÄCKSHUTTLE

FÜR UNTERWEGS

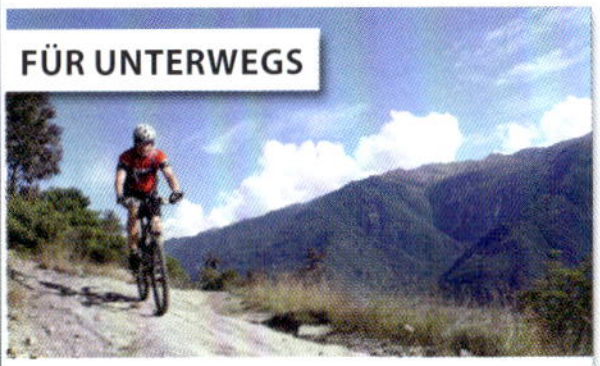

- ❍ Helm
- ❍ Bike- u. Sonnenbrille mit UV-Schutz
- ❍ Regenjacke
- ❍ Regenhose
- ❍ (Langfinger-) Handschuhe
- ❍ 1 Radhose kurz
- ❍ 1 Radhose lang o. Beinlinge
- ❍ 1 Langarm-Trikot/Armlinge
- ❍ 1 Kurzarm-Trikot
- ❍ 2 Paar Radsocken
- ❍ ggf. Windstopper-Socken
- ❍ Buff-Tuch (für Hals o. Kopf)
- ❍ Radschuhe
- ❍ ggf. 2 Radslips (für unten drunter)
- ❍ Ersatzschläuche
- ❍ Schaltauge
- ❍ Ersatzbremsbeläge

HARDWARE FÜR UNTERWEGS

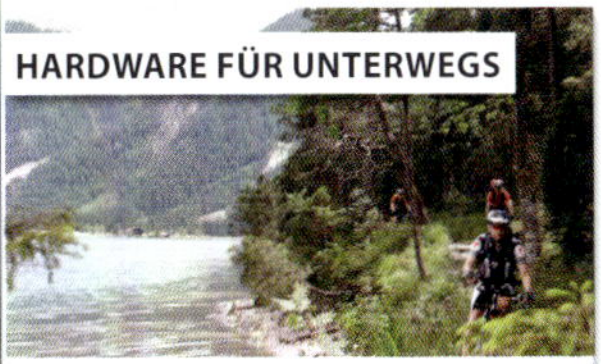

- ❍ Rucksack + Regenhülle
- ❍ Tacho oder GPS-Gerät
- ❍ ggf. Herzfrequenzmesser + Brustgurt
- ❍ 2 Radflaschen (je. 0,75 l) o. Trinksystem
- ❍ Handy + Ladegerät
- ❍ ggf. Kamera + Ladegerät
- ❍ Hüttenschlafsack
  Licht + Warnweste (Pflicht in Italien!)

VERPFLEGUNG

- ❍ Energie-/Müsli-Riegel
- ❍ ggf. Gel-Packs
- ❍ Fruchtschnitten
- ❍ evtl. Obst (Bananen)

FREIZEIT-BEKLEIDUNG FÜR ABENDS, WIR EMPFEHLEN

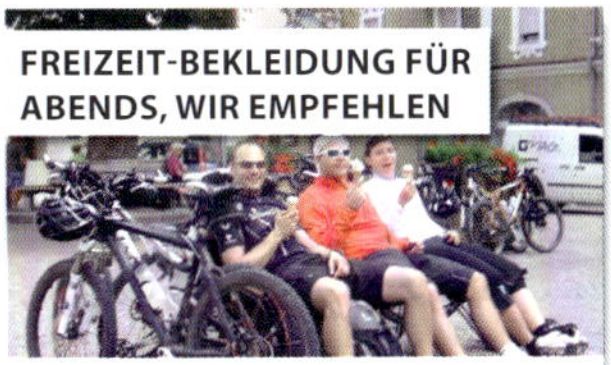

- ❍ 1 Fleece
- ❍ 1 Freizeithose lang
- ❍ 2 T-Shirts
- ❍ 2 x Unterwäsche
- ❍ 1 Paar Strümpfe
- ❍ 1 Schlafshirt
- ❍ ggf. Badehose/-anzug
- ❍ ggf. Badeschlappen
- ❍ leichte Hüttenschuhe/ Freizeitschuhe

WENN ES MAL ZWACKT

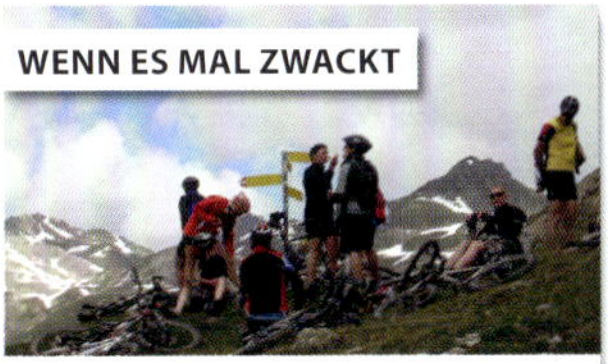

DAS ERSTE-HILFE-SET

und evtl. zusätzlich mitbringen:

- ❍ Aspirin
- ❍ Mückenstift/ -salbe
- ❍ Mobilat-Salbe o. ä.
- ❍ Gesäß- oder Wundsalbe
- ❍ Sonstiges falls notwendig!

(Gesäßsalbe gibt es im Radladen, Wundsalbe in der Apotheke)

SONSTIGES

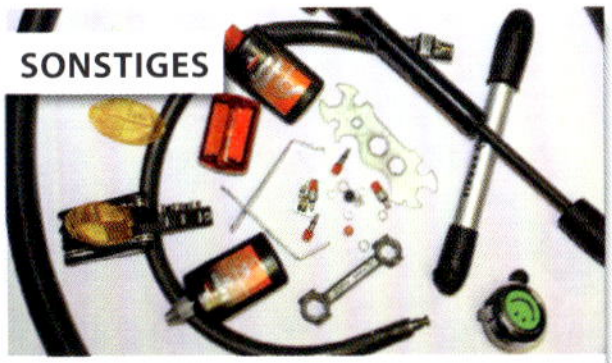

- ❍ Fahrradschloss
- ❍ ggf. Dämpferpumpe
- ❍ Minitool (Werkzeug)
- ❍ Hüttenschlafsack (wenn Hütten-übernachtungen dabei sind)

PERSÖNLICHES

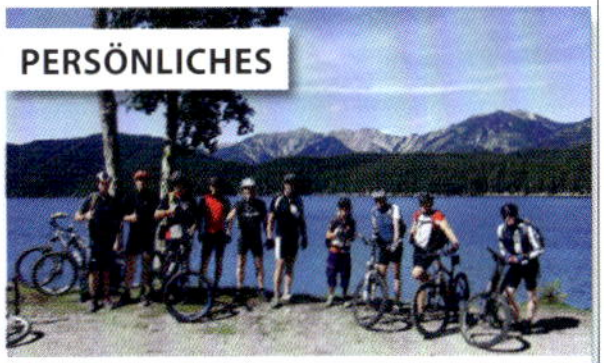

- ❍ ggf. optische Brille + Etui
- ❍ ggf. Kontaktlinsen-mittel u. –Behälter
- ❍ kleines Handtuch (Microfaser-Handtuch)
- ❍ Taschentücher
- ❍ Lippenpflegestift UV
- ❍ Rasierer
- ❍ Rei in der Tube, abgefüllt
- ❍ Waschzeug in Probeformat (gibt es im Drogerie – Markt)
- ❍ Sonnencreme (Faktor 12-30)
- ❍ Hautcreme/After Sun
- ❍ Zahnbürste/-pasta
- ❍ Haarbürste

AUSWEISE + FINANZEN

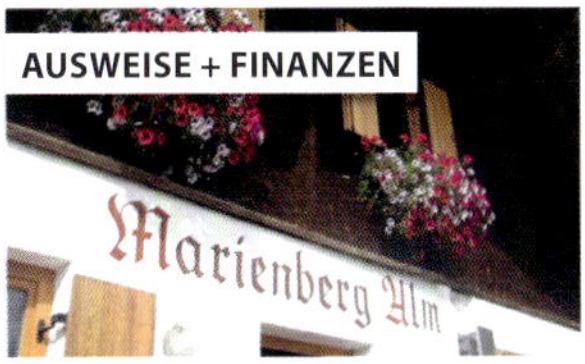

- ❍ Personalausweis
- ❍ ggf. Reisepass
- ❍ EC-Karte und/oder Kreditkarte
- ❍ Bargeld (ggf. Währungen)

GEWICHT

GESAMTGEWICHT IM RUCKSACK

ca. 6, max. 7,5 kg falls 1,5 Liter im Trink-System.

Impressum

Einbandgestaltung: Mikka Klöppel, ULP GmbH, München
Titelbild: © ULP GmbH, München
Kartografie: © KOMPASS Karten GmbH; Lizenz-Nr. 73-0912-LAB
Kartenschnitte: Mikka Klöppel und Manuela Drenska, ULP GmbH, München
Höhenprofile: Mikka Klöppel und Steffi Hamann, ULP GmbH, München
Redaktion und Projektmanagement: Dr. Anke Susanne Hoffmann, ULP GmbH, München
Layout & Satz: BUCHFLINK Rüdiger Wagner, Nördlingen
Druck und Bindung: Kriechbaumer Druck GmbH & Co. KG, München

Printed in Germany

ISBN: 978-3-944386-15-7

4. Auflage Mai 2022

Ihr findet uns im Internet unter:
www.ulpbike-verlag.de
Für Hinweise und Anregungen sind wir dankbar:
info@ulpbike-verlag.de

Bildnachweis: Soweit nicht anders vermerkt, sind alle Bilder Eigentum der ULP GmbH: © ULP GmbH, München. S. 3: TVB Südtirols Süden; S. 6: Peter Heinrich/pixelio.de; S. 7: Füssen Tourismus und Marketing/www.guenterstandl.de; S. 10-11: TVB Tiroler Oberland; S. 12: Peter Heinrich/pixelio.de; S. 13: Andreas Liebhart/pixelio.de; S. 15: Füssen Tourismus und Marketing/www.guenterstandl.de; S. 18: Waldili/pixelio.de; S. 19: Füssen Tourismus und Marketing/www.guenterstandl.de; S. 21: Alexander Gasser/pixelio.de; S. 26: TVB Tiroler Oberland; S. 27: TVB Tiroler Oberland; S. 34: Campomalo/pixelio.de; S. 40: Andreas Agne/pixelio.de; S. 41: Peter Kamp/pixelio.de; S. 43: Volker Inning/pixelio.de; S. 45: H. B./pixelio.de; S. 46: TVB Südtirols Süden; S. 47: TVB Südtirols Süden; S. 48: R. Magrone/TVB Südtirols Süden; S. 50: M. Simonini/TVB Südtirols Süden; S. 52: Udo Sodeikat/pixelio.de; S. 54: Doris Rennekamp/pixelio.de; S. 55: grs1305/pixelio.de; S. 58-59: TVB Südtirols Süden; S. 60: KOGA B.V.